わたしらしく働く！

服部みれい

マガジンハウス

〝平屋的仕事〟があたらしい——まえがきにかえて

いつだったか、東京の港区である建設中の超高層ビルを見上げたときのことです。「こういったビルを建てる人がみんな女性だったら、こんなに高いビルにするかしら」とふと思ったことがありました。その建築現場では、男性たちがなんだか激しく怒鳴り合って仕事をしていました。この場合の女性・男性は、あくまで女性性・男性性という意味合いなのですが……、「わたしだったら、緑いっぱいの広い平屋にしてみたいなあ」なんて思わず妄想してしまいました。「都会には土地がないんだから高くするしかないでしょ！」という声も聞こえてきそうですが、「だったら田舎につくればいいじゃない？」なんて思ってしまうほう。解答って本当にひとつの方向しかないんだろうか？ 「お金」優先ではなくて、もっと「いのち」優先の解答はないのかしら？って、提案したい気持ちです。

この本では、前半でわたしの25歳から45歳現在までの仕事の話を駆け足で書かせていただきました。後半では、わたしが通常仕事をする上で気をつけていることやちょっとした知恵をご紹介しています。世の中にはすばらしい編集者、またお仕事をなさっている方があまたいるにもかかわらず、今回わたしがこの本を書かせていただいたのは、おそらく、自分自身が「平屋」が好きで、また既成概念をとっぱらった平屋的発想で自分に合うサイズ感の仕事をつくり、自由に仕事をたのしんでいるからなのかなと思います。育児雑誌の編集者、フリーランスの編集者・ライターを経て、ちいさな雑誌と出版社をつくりました。その過程はまさに「平屋」の建築そのものだったように思います。

今という時代は、何かこの「平屋」的発想みたいなもの、また個人の好みや思いを中心にしたもの、これまでの思い込みをはずれるようなアイデアが出てきやすくなってきているし、待望されているようにも思います。一見ピンチに見える状況は、チャンスの宝庫。「正しい」より「たのしい」を優先させて、自分がたのしいなあ、安心だなあ、おもしろいなあと思うことに素直になったら、思いも寄らぬアイデアがどんどん出てきそう。

わたしは、会社を辞めたかったら辞めればいいと思っています。すべての人が、子どものように無邪気になって、本当に自分の声に忠実にやりたいことだけをやるようになったなら（「今日は会社へ行くのやめた〜」とか、「疲れたから昼寝する〜」とか）つまり、誰もが外側の尺度に合わせて無理するのをやめて「自分自身」に戻って「自分の仕事」をしたなら、世界は最高にしあわせな場所になるハズとかなり本気で思っています。みんなの「無理」が不幸を呼んでいない？と思う。「こうするべき」と自信満々に思っていることって、ちょっと考えてみるだけでも大して気張らなくてもいいことばかりなんですよね。

もっといってしまえば、本当は働きたくなかったら、働かなくてもいいとさえ思っています。誰かに助けてもらったり、誰かに甘えて生きることもできる。生きていく方法っておそらくすごく多様なんです。わたし自身、ハイパーな縄文時代みたいなイメージで、採集だけでのんびり暮らせたらいちばんかっこいいのでは？なんて本気で思っているほど。

わたしにとって仕事は、自分を知る旅。生きるということを味わい、自由を体験する旅です。本が大好きで、本にまつわる仕事ならどんなことでも熱意をもって取り組めるし、自分を時に救い支えてくれた本の世界に、少しでもご恩返しできることがうれしくてなりません。その過程はたのしい冒険そのもので、あそんでいるのとまったく同じ。もしくはそれ以上の存在です。どうしてこんな心境になっていったのかは、ぜひ本書をお読みいただけたらと思います。

「わたしらしく働く」って「わたしがわたしが」と、醜いエゴや権利意識をふりかざすことでは決してありません。無心に、無私のわたしとなって働いたその先で、どうしようもなく現れてくるのが「わたしらしさ」なのかなと思っています。また自分自身が、「誰かみたい」になり、世間がおしつける「すてきな像」に合わせてがんばることではなくて、ある意味、脱力して自分自身に戻っていくような働き方のこと。自分自身でいることに安心感を感じながら、自分という魅力を「ただ在る」だけで存分に発揮することなのかなと思っています。これが、すごく、未来的。

実際、そうやって自分らしく働いていると、本当にびっくりするほど、まわりの人や状況が自分を支え、助けてくれます。自然の支援がやってくるんです。そのことが本当にこの世は楽園かもしれないと思わせてくれます。いや、「わたしらしく」をつきつめると、自然破壊や戦争や貧困、医療やいじめの問題だって本当は解決する糸口があるとわたしは思っているのですが、ちょっぴり大言壮語しすぎでしょうか。

せっかく生まれてきたのだもの、たのしもうよって思います。しあわせでいることは想像以上に大切なことです。誰もが、自分らしく幸福であることが、この世界を本当の意味で幸福にしていくと本気で信じて生きています。

最後に、この本に登場するすべてのみなさん、登場しないけれどこれまで出合ったみなさんに、こころから感謝申しあげます。またこの本を発刊するきっかけをつくってくださった淀川美代子さん、担当してくださった広瀬桂子さん、そして今こうして読んでくださっている読者のみなさまにも御礼をいわせてください。本当に、本当に、ありがとうございます。この本を読んでくださるおひとりおひとりが、自分の中に眠る、どうしようもない自分らしさを信じて、受け容れて、解放して、「ただ自分自身であること」を楽しむような働き方、生き方に出合ってくださることを願ってやみません。そしてそのヒントをこの本から感じてくださったなら、こんなにうれしいことはありません。

うぐいすがうつくしく鳴く春の日に

著者しるす

we can work

in our way

わたしらしく働く！
編集者奮闘記

まえがきにかえて　2

駆け出し編集者

はじめての職場　16
はじめての取材　19
ぐちゃぐちゃの新人　23
3のつく時にやめたくなる　28
次の3がつく頃には……　33
パンク少女、編集者になる　38
いちゃいちゃが足りない　43

フリーランスになる

段ボール取り合いの日々 47
とにもかくにも失敗だらけ！ 52
事件、発生！ 55
おでんの夜に 58
16ページが落ちる!? 62
真夜中の編集会議 65
期限つきのがんばり 69
はじめてのシュタイナー 72
幼稚園の先生になる 75
芸術そのものの幼稚園 77
シュタイナー的取材体験 81
はじめてやりとげたものの
結核患者に 83
86

28歳、あたらしいわたしに 90
病み上がりのフリーランス 92
フリーランスのマイルール 94
平凡出版の香り 97
いよいよ『オリーブ』編集部 101
おもしろくないわけがない 103
マガジンハウスの香り 107
「夢」が連れて行く場所 110
「かわいい」の世界で 112
〆切前は知恵熱が 115
自分に判子を押す 119
サブカル本の編集 121
まほちゃんの本 123
エネルギッシュな本づくり 127

大きな変わり目

アラサー、五里霧中 132
オーガニックの世界 135
はじめてのプレゼンで 139
やってはいけないことをした 141
激しい思い 144
一からはじめる 147
不思議な転換点 150
本当のスタート 153
モモ爺あらわる 155
マーマーマガジン誕生 159

雑誌を創刊する

いよいよその時が来た 164

わたしが『暮しの手帖』をつくるなら 167
知恵に飢えていた 171
本当のエコ 174
いつものおしゃべりから 176
本物の雑誌をめざす 178
あきらめの境地 183
デジタルを味方に 185
お金はどこから 188
形が見えてきた 190
雑誌は飽きる 194
自分にしかできないことを 198
冷えとり本の大ヒット 202
売れすぎないようにする 205
幸福な編集者 207
黒柳徹子さん 211
夢は実現する 213

読者のみなさんと 217
3月11日、渋谷で 223
今までどおりにはできない 228
版元になる！ 231
ひとり何役!? 236
助っ人あらわる!! 241
次のシーズンへ 244
流通革命 246
自然農法との出合い 252
「都市」から離れる 256
挑戦は続く 257
地方での工夫 260
あたらしいわたしは 263
太陽の熱を感じながら 265

わたしらしく働く！ 実践編

就職だけがすべてじゃない 270
何か頼まれたら「はい」と言う 272
〝間に合う〟人間になろう 274
自分は何に向いているか 276
時にはあきらめることも大事 278
待ったぶんだけいいことが 280
アスリートの気持ちで 282
潜在意識を書き換えよう 284
うまい人だけを見る 286
最悪の時は、ただじっと待つ 288
やるべきことは、運を上げること 290
好機は必ずやって来る 292
お金は意識的に稼ぐ、使う 294
やり遂げる技術をきちんともつ 296

人とは違う時間を過ごす　298
自分自身と打ち合わせしよう　300
ビジネス書は1冊をとことん読む　302
「オリジナル」の立ち上げ方　304
辞めたくなったら辞めていい　306
迷ったら「自然かどうか」を基準に　308
今が最高、と思える働き方を　310
仕事ははっきりいっておもしろい　312
好きなことを仕事にする　314
わたしらしく働く！　316

装丁　アルビレオ
カバー・本文イラスト　服部みれい
カバー・帯写真　松岡一哲

わたしらしく働く！

編集者奮闘記

はじめての職場

わたしが一般的な意味での就職をしたのは、25歳になる年の2月か3月のことでした。今でも、たった数時間前のことのように、初出社日のことを思い出すことができます。土曜日の校了明けの編集部。

約束の時間通り、10時に表参道の裏通りにあったA社に出社すると、ひんやりとして薄暗い編集部には誰も出社していませんでした。

わたしは、自分の席だと思われる机に、自分の名前が印字された名刺の束を見つけ、その席にひとり座り、大量に届いていた読者のお便りを電気もつけずに一枚一枚読みはじめました。

わたしが入社したのは、絵本専門店が持つ出版部。育児雑誌のほか2つの雑誌と、ときどき絵本を出版していました。

表参道にある大きな絵本屋さんの2階は、おもちゃ売り場になっていて、当時はその奥に編集部があって、靴をぬいでスリッパにはきかえてあがるしくみでした。ごちゃごちゃと資材や事務机がある廊下を抜けたさらに奥に編集部はあって、どこか、『アンネの日記』の隠し部屋みたいだった。知らせなければ誰もそこに部屋があると思えない、そんなレイアウトの仕事場です。

育児雑誌は、現在校了している号をもっていったん終了し、リニューアルすることになっていました。幼児教育者やピアノの先生だけをターゲットにしていた雑誌が、いよいよ母親たち向けに、もう少し幅広い意味での「育児雑誌」になるタイミングです。特に知らされてはいませんでしたが、わたしは、どうもその編集部員として採用されたようでした。

ひとり席について読んだ読者さんたちからのお便りは、すべて「アダルトチルドレン」について書かれていました。以前の号で、「アダルトチルドレン」特集があったのでしょう。一枚一枚はがきを読んでいくと、そこは、息がつまるような生きづらさを吐露したことばたち、親への不満、葛藤、悲しみ、怒り、そういったものでうめつくされていました。はがきを机の上に戻し、「みんな、大変だな」と思いました。「自分とは関係のない世界だ」と感じて、はがきを自分から離しました。

ため息をついて、机のまわりを見回します。

たくさんのゲラや資料が机の上に積み上がっている編集部。壁側に全部で7～8つの机が向かっていて、全員が座ると背中ばかりが中央を向いているかっこうになっています。部屋の中央には大きなテーブルがあって、その後、そこでゲラも切れば、深夜まで話し合いもしました。とにかく、狭くて狭くて、人がすれ違えないほど狭い編集部でした。


さて、このままひとりこの席に座っていたらいいのか、だいたい今日は土曜日なんだし、誰も来なかったから帰りました、といって帰ったらいいのか(実際、そんなふうにして帰ったとしても特に問題ないという雰囲気でした。みんな自分たちのことで精一杯で――。誰もいない編集部の気配が、そういっていました)、手もちぶさたのまま、ぼうっとしていると、ひとり、編集部員の女性が入ってきました。

「まあ、服部さん、ごめんなさいね。昨日みんな夜が遅くて。誰もいなくてびっくりしたでしょう！　もうすぐみんな来ると思うから、この読者はがきから読んでいて」

わたしは、もうこの読者はがきは全部読みました、とこころの中で思いながら、もう一度はがきを手にしました。

入社式もない、新入社員研修もない、初日から校了日翌日の土曜日出社。しかも、誰ひとり会社にわたしを迎える人さえいない。

わたしの編集者としての生活は、こんなふうにして静かに滑り出しました。

はじめての取材

はじめて取材へ行った日のことは、半日前くらいのことのように思い出すことができます。

入社式もなければ、新人研修もない。

大手出版社のように、編集部に入る前に、書店研修があったり、数年間、総務や宣伝部などの他部署を経験して……という慣習もありません。

入社していきなり一人前の編集部員として扱われ、はい、アナタ、取材して来て、とテープレコーダーが手渡される、と、そんな野性味溢れる編集部でした。

あれは、入社してどれくらいだったのか……おそらく、あの誰も出社していなかった土曜日の初出社日から1週間くらい経った頃だったかと思います。

右も左もわからないとは、あの頃のわたしのことで、ただいわれるがままに、超びくびくしながら、先輩たちの顔色をうかがい、「はいっ」という返事さえ声が裏返ってしまうほどでした。電話の取りつぎまちがいもしょっちゅうで……派手ないいまちがいをするので、先輩たちがよく爆笑していました……まあ本当に、足元のおぼつかない、弱々しい新人編集部員でした。

取材は、横浜の栄区だったと記憶しています。

根岸線沿いで、大船の手前あたり。

リニューアル創刊した育児雑誌の創刊号に掲載される、「子どもとパソコン」という企画。基本的に広告をたくさんとっていないその雑誌では珍しいタイアップのページで、幼稚園に通っている子どもと、あたらしいパソコンのソフトであそんでみるという企画でした。

雑誌でいうと後のほうに掲載される、モノクロで3ページの記事でした。

駅で待ち合わせていると、いわゆる「社カメ」(会社や編集部と専門に契約しているカメラマン)のTさんがやって来ました。打ち合わせも何もなく、本当に、テープレコーダーとパソコンソフトを上司から渡されて、「服部さん、取材して来て」といわれただけでしたから、カメラマンとどう仕事するかさえ知りもしません。

はじめて会ったTさんは、生きる気力を完全に失っています、みたいな表情で、細くて小さくて、風が吹いたら吹きとばされそうな風体でした。駅で落ち合って、とにかく自分は新人で何もわからないということを説明し、指定されたお宅へとふたりで向かいました。なんとなくですが、そのTさんとなら、やれそうかなと思ったことを覚えています。Tさんが、ギラギラした売れっ子のカメラマンみたいな人ではなくて、超てきとうな感じが肌からだだもれしている雰囲気だったのも、新人のわたしには気が楽でした。話してみれば、生きる気力がなさそうなのは顔と姿勢だけで、声はまあまあはきはきしていたのを覚えています。

実は、その日わたしは、39度近く熱がありました。当時通っていた大学院の卒業式前、3月からこの会社への出社はスタートしていたのですが、まあ、慣れない仕事のストレスと、1年かけて書いて完成させた修士論文の疲れ、環境の変化で、一気に毒出しをしていたのだと思います。

編集部は、とても弱音を吐かせてもらえるような雰囲気ではありませんでした。編集長からは、「服部さん、風邪引いてる場合じゃないよ！ しっかりして」といわれたし、まわりの先輩たちも、すごくやさしい人たちばかりだったのですが、「お願いだから、服部さん、うつさないでくださる？」というムードでいっぱいでした。

それくらい、編集部には、そこはかとない、ものづくりをする現場ならではの熱気と緊張感があったんです。「風邪引いたから休みます」なんて、口が裂けてもいえない、そんな空気が、ちいさくて狭い編集部に濃密に漂っていたのです。

わたしは、誰もわたしの風邪に「大丈夫？」なんていわない、そんな雰囲気に、最初から好感をもっていました。

ゲホゲホ咳をしながら、取材先のお宅にうかがいました。

ふんわりとしたパーマヘアでやさしそうな目をしたおかあさんと、幼稚園にいっているおにいちゃん、妹さんが出迎えてくれます。家にあるパソコンにソフトを入れて、まず、子どもたちにあそんでもらいました。

だいたい、取材するったって、何を取材してきたらいいのか、何を写真でおさえたらいいのか、どういうコメントをとったらいいのか、さっぱりわからず、その場にいたんです。しかたがありません、考えうるすべてのことを行いました。写真も撮れるだけ撮ってもらいました。子どもたち、おかあさんからコメントをもらい、3人でカメラ目線の写真も一応、おさえておきました（このあたりは、カメラマンの計らいだったかもしれません）。

1時間ほど取材して、もう、咳がマックスで酷くてゲホゲホになったわたしに、おかあさんが心配してくださって、あたたかいお茶やら、飴やら、出してくださいました。ありがたくそれらをいただきながら、こころの奥底では、「でも、もう、わたし、修行に入ったんです。あたたかいお気持ちはちょうだいしますけれど、もう一般の世界ではなくて、きびしい世界に、わたし、住んでいるんです」というような気持ちだったように思います。『魔女の宅急便』のキキが、おソノさんのパン屋さんところに住み込みで働きはじめた頃のように（体調不良の状態で取材させていただきながら、ずいぶん生意気な話ですが)。

こうして、無事、取材は終わりました。いや、取材って、けっこう誰にでもできるんです。取材慣れしているカメラマンTさんも同行していたからなおさら。

でも、ここからが、本当の、地獄のはじまりでした。

ぐちゃぐちゃの新人

わたしは、編集者が何をする人なのかなんて、さっぱりわかっていませんでした。

いや、そもそも雑誌がどうやってつくられるのか、まったく知らなかったし、わたしの所属した編集部は、とにかく小規模で、当時は財政も逼迫していて、誰もが猛烈に忙しくて、新人の相手をしている余裕というものが、ないどころかマイナス、というような状況でした。つまり、仕事のほとんどを、自力で覚えて、しかも完成させていかなければならなかったのです。

雑誌をつくる際、まず、企画を立てます。

3ページモノクロで、「子どもとパソコン」タイアップ、とか。

で、だいたい、こういう内容にしようと、ラフを書いたり企画表をつくったりします(わたしの場合は、最初から企画が決まっていたものを「ほい、取材して来て」といわれたので、ラフも何もないまま、取材に行きました)。

取材の依頼をして、それが通ると取材します。この依頼が、企画に続いてふたつめの大きな仕事ですが、これももうすでにしてあったので、そのときはしませんでした。で、取材をします。話を聞いたり、写真を撮影したり、材料を取ってくる＝「取材」というわけです。そうして、ここからです。

取材したものをいったいどうやって誌面にするのか。みなさん、わかりますか?

まず、当時、なんとその編集部にはデザイナーさんがいませんでした。

編集者が、レイアウト用紙に線を引き、デザインをし、書体、文字の大きさ、行送り、字送りを指定して、印刷所に入稿するという作業をしていました。

わたしは、まず、取材して来たものをどう3ページで表現したらいいか、考えました。でも「子どもとパソコン」……しーん……って感じです。

今では、パソコンなんてめずらしくもなんともないですが、一九九四年当時、まだまだパソコンはそんなに生活になじんでおらず、子どもがパソコンにさわるというのもとてもめずらしいことだったのです。しかも、わたしがいた編集部は、自然派の子育てを推奨する編集部。そこでパソコンの企画。

……。

……。

正直、とっかかりがありません。

先輩たちに質問しようにも、みんな、猛烈な勢いで仕事をしていて、とても質問できるムードではありませんでした。全員が、今、外科のオペ中です、という緊迫感で毎日が過ぎていくのです。

先輩たちはみんな、本当にやさしかったけれど、当時のわたしにはこわかった。仕事を猛烈にしている人たちって迫力があるんです。声色も違うし（いい声の人が多かったです）、とにかく誰もが大人に見えました。先輩に話しかけるにも、脇汗が出て、顔が真っ赤になりました。

こうなったらとにかく、ひとりで考えるしかありません。わたしは、入手できる、似たような企画を雑誌からさがしまくって、レイアウト用紙入れ（当時、レイアウト用紙が、Q数という文字の大きさ別に棚に入っていました）からレイアウト用紙をごそっと10枚くらいもらって、定規とえんぴつを用意して、腕を組みじっと用紙をながめます。

そもそもレイアウト用紙にどうやって線を引いたらいいかもわからなかったから、先輩たちの迷惑にならないように、先輩たちが引いたレイアウト用紙をコピーして参考にさせてもらったりもしました。あと、そうっと書いているところを背中越しに盗み見させてもらったことも一度や二度ではありませんでした。

そうこうしているうちに雑誌というものには、タイトル、リード（そのページ全体についての誘い文章）、本文、イラストや写真、そこにつくキャプション、取材対象のプロフィール、といったものが存在するということがわかってきました。先輩たちはみんな、レイアウト用紙の上部中央に、右ページにも左ページにも大きくページ数を書いて、丸でぐるっと囲んで、レイアウトをはじめていました（手際よくレイアウト用紙にページ数を書き入れる様子さえ、下っ端のわたしにはどんなにかっこよく見えたことか！）。

そもそも新人の仕事って多いんです。掃除、かかってくるすべての電話取り（アルバイトさんなんて存在しませんでした）、雑用全般、また、わたしはそのパソコンのページだけではなく、読者のお便りコーナー（5ページ）、障がい者の施設で働く女性のインタビュー（5ページ）などもうけもっていました。今思うと驚異的ですが、月刊誌でしたので、企画から入稿までこれらを本当に、1〜2週間で全部やるのです（半年もした頃には、わたしは、20〜30ページを毎月担当するまでになっていました）。

これまた、思い出すだけで震え出しそうですが、その編集部では、デザインも、のちにDTPの流し込みも文字の修正も、記事の作成も、校正まで全部、編集者の手でやっていたのです。

で、「子どもとパソコン」企画です。

新人のわたしは何をするにも時間がかかってしまい、会社でなんてデザインを引いている時間はありません。自分の企画を考えはじめるのでさえいつだって、表参道にあった会社から東横線の田園調布と（かつての）多摩川園の間、駅から徒歩15分の東玉川にあった寒々しいアパートに帰ってからでした。といったって帰宅もたいてい終電か終電近くです。

つまり夜中の12時くらいから、いよいよ自分の仕事ができるんです。これが、本当に本当に、自分のなにもかも振り絞っても、どうしたらいいかわからないくらいつらいことでした。おなかもぺこぺこで、精神的にもおいつめられていて、そうして、自分の企画を考えないといけないのです。

先輩たちなら、すっと、内容が決まってデザインを決めていけるところをわたしは、2日も3日もかかりました。レイアウト用紙は、えんぴつの消した跡と消しゴムのカスでぐちゃぐちゃ。そのレイアウト用紙みたいに、わたし自身も目の下には隈ができて、ぐちゃぐちゃでした。ボロボロで何が書いてあるかよくわからないレイアウト用紙はわたし自身の姿そのものでした。

今思うとなのですが、当時のわたしは、とにかく甘ちゃんもいいところで、何をどういう意図でどう伝えるか、ということについて頭の中がびっくりするほど整理されていなかったのだと思います。つまり、人間としてとても未成熟、だったんです。

編集者の仕事って、知能も体力も想像&創造力も必要ですが、こう、人間力というか、人間としての成熟度がとても必要な仕事のひとつだとつくづく思います。総合力がものをいう仕事というか。

自分の考えがどういうものなのかを整理できない人、自分が何を考えているのか、何を表現したいのかがわからない人、何かいいたいことがない人、その所属する雑誌が何をいいたいかがわからない人、その方向性に同意できない人、いってみたら未成熟な人には、おもしろいページがどうやったってつくれないんです。当時のわたしがそうでした。

頭がぐちゃぐちゃしていて、取材してきた内容が、まったくまとまりません。ひと晩徹夜し、ふた晩徹夜し……と、会社の人に隠れて、家で、自主練いや、練習じゃないですよね、文字通り、独学する日が続きました。

目の下の隈は、どんどん黒くなっていきました。

3のつく時にやめたくなる

育児雑誌の編集部に入って、3週間経った頃でしょうか。

3週間といえど、中身が濃密すぎて、もう半年くらいその場にいるような気分でいました。とにかく、新人のわたしは怒られてばかりでした。

一般的な編集者がどういう教育を受けて編集者になるのか、わたしはよく知りません。少なくともわたしの場合には、新人教育を受けて、そうして少しずつ実践に入るというような、そんな悠長な時間はまったくありませんでした。泳げもしない人が、いきなり太平洋のど真ん中にボートからつきおとされて「泳げー」といわれるような感じが、当時よくしたものです。まわりのアスリートはみんな一流ばかり。そんな中、泳ぎもできないのに、一緒に泳がなければならないのです。

Aという仕事をする。「ぜんぜんだめ!」といわれる。

Bという仕事をする。「やりなおしー」といわれる。

Cという仕事をする。思いっきり笑われる。

あらかじめ何かを教えてもらって↓覚えて↓やるという順番ではなく、なにもかも怒られて覚えることばかり。怪我をして、それからわかることばかりなのです。

怒られたり、怪我をする前に、「やり方」がわかるといいなと、当時はそんなことばかりよく感じていましたが、実際そんなふうにしか編集の技術を伝授できないのも今ならわかります。やって覚えるしかない世界なのです。大学院時代、1年かけて修士論文を書いた経験もわたしにとっては、それはそれでちいさな自信とはなっていました。でも、社会人になって、「社会人というのは、学生の10倍も20倍も、いや100倍も仕事をしているんだ」とうちのめされました。先輩たちが取り組んでいる仕事の量が半端でない量なのです。それは新人のわたしにふってきた仕事の量も同じでした。

同時に質も高く、内容も緻密で、神経が張りめぐらされていて、それと同時に、こう、リラックスしているような、大人の余裕も必要とされます。何をやってもほめられることがなく、終電近い帰りの電車にようやく座れると涙がつーっと頬をつたう日も1日や2日ではありませんでした。

会社を辞めたくなるのは、3日、3週間、3か月、3年、なんだよね、って誰かに聞いたことがあります。

わたしがもたもたしている間に先輩の編集者さんたちはどんどん原稿をあげて、それはすてきなページを仕上げていく。「わたしには、編集者は向いていない。もうやめよう」。そんなことばが、自然に頭をよぎるようになりました。やってもやってもうまくならない。しかも、毎日のスーパーハードワークで、からだもどんどん疲弊していきます。

わたしのはじめての担当したページの〆切が迫っていました。「読者の広場」という、読者のページは、新人の仕事なのですが、それにも、本当に、うんざりするほど時間がかかりました。

読者からのお便りって、そのままを掲載しているのではなくて、編集部で、きれいに読みやすい文章にして、表記も雑誌の「表記統一」というものに倣って揃えて、もちろん文意は変えることなく、しかし非常にうまく整えられて掲載されているんです（そんなことも、編集者になるまで知りもしませんでした）。

たくさんの読者のお便りから、よさそうなものを選ぶ。それを、読みやすい順番に並べる。レイアウトを決める（記事やイラスト、写真の配置を決める）。文章を整える。その際に、校閲的なこと（書いてあることにまちがいはないか自分でよく調べて正す）、文章に小見出しをつける。デスクと編集長のチェックを受ける（一般的な編集部ならば、ここで校閲のチェックが入る）。赤字の指示通り直す。レイアウトをしっかりつくって、文章をきれいに直して、入稿データをつくる。印刷所に入稿する。印刷所からあがってきたらゲラに赤字を入れる。デスクと編集長のチェックを受ける。その赤字を修正する。赤字ゲラを印刷所に戻す。色校正が出てくる。色校正をチェックする。校了の用紙をつくる。編集長の最終チェックを受ける。校了……（ぜいぜい）。

と、ざっくりとですがこういった流れで、ページをつくっていきます。どの工程もはじめてのことばかりです。読者のページを5ページつくるだけでもう、へとへとでした。

そうして、こういったページと同時に進めていたあの「子どもとパソコン」のページの企画をいよいよ、上司に見せる日になりました。〆切もぎりぎりでした。

わたしは何度も何度も考え直して、3ページの企画で、まるで絵本のように「はじめてのパソコン／パソコンであそぼう！」みたいなタイトルにして「クリックしよう」と書いて、大きなマウスの絵をラフに描き、クリックするたのしさを伝えました。次に「ダブルクリックしよう」と書いて、マウスが、「カチカチ」といっているところをラフに描き込み、画像がどう変化するのかを書きました。自然派の育児雑誌です。「知育」だ何だ、ではなくて、対象となる幼児が、はじめてパソコンにさわって、ごくシンプルにただぁそぶというその流れを、レイアウト用紙にのびのびと書いてみました。鉛筆を消した跡があちこちに残るやぶれかぶれのつたないラフを上司に見せにいきました。

小柄な女性副編集長とひげをはやしたデスク的な男性上司が立ったまま、わたしのラフを眺めています。ふたりともだまったままです。汗がどっと溢れてきます。

3ページ目に、うつる頃、ふたりの表情が、少しずつ和らいだのをわたしは見逃しませんでした。

「うん、服部さん、いいんじゃない？　おもしろいよ」

「うん、いいね！」

ふたりはそういいました。

今思うと、新人のわたしに対して、励ましも入っていたのかなとも思いますが、でも、上司の表情が和らいだとき、ふたりが嘘をついているとも思えませんでした。おもしろくないページ、意味のない企画を新人のために、「いい」というほど雑誌の編集部は甘くはありません。

わたしが考えた企画がそのまま誌面に載ることとなりました。あとにも先にも直々の上司に純粋にほめられたのは、あのときだけだったように思います。
ほんの少しだけ、この仕事をおもしろいと思いはじめるようになっていました。

次の3がつく頃には……

結局、最初の入稿では、与えられたすべてのページをやり遂げることができませんでした。

「読者の広場」と「子どもとパソコン」で手一杯だったわたしは、もうひとつの「障がいのある人たちの施設で働く女性のインタビュー」を終えられるとは思えず、早い段階で、編集長に直訴しにいったんです。「どうしてもできそうにありません」って。これを上司にいい出すのにも、それはもう、とてもとても緊張しました。

まわりの先輩たちは、20ページも30ページも担当をもち、企画から取材、執筆、デザイン、時には写真も撮影し、校閲も行い、入稿を行っていました。ただただ粛々と……。

そんな中で、新人のわたしが「できません」などということは、正直、自分自身でもはずかしかったし情けなかった。でも思い切って、いいに行きました。このまま全部のページを担当したら、自分が崩壊して、編集部にも迷惑をかける、と思いました。今思えば、自分の胆力がなかっただけだと思いますが。キャパシティが少なかったんですね。

自分の器なんてちいさな杯(さかずき)くらいしかありませんでした。60年代の香りがどこか残る、週刊誌出身という噂の60歳近い編集長に、いちばんいいタイミングをはかって、そうっと進言しました。すんなり、いいよといってくれました。申し訳ない気持ちと、からだが溶けるほどほっとする気持ちで……残りのページをつくったのです。

いよいよ雑誌ができあがる時が来ました。

先輩たちがつくったページは、どれも輝いて見えました。「うまいなー」って、心底思いました。雑誌をただ読む側だったのと、つくる側になったのとでは、ページの見え方がまったく違います。タイトルも、リードも、本文も、写真の配置も、みんな、みんな。感心することばかりでした。

新人のわたしのページは、後ろのほうにある1色のページです。できあがったものを見て、満足とも、不満とも、飛び上がるほどうれしいとも思わず、どこか恥ずかしいような、現実でないような、なんともことばにできない感情が湧き起こりました。

ただただ、何度も何度も自分のページをだまって眺めるばかりでした。

雑誌の入稿を数えきれないほど経験して、本もたくさんつくってきた今でもそうですが、本が仕上がったときというのは、ものすごくうれしいとか感動するとか、そういう気持ちはなぜかほとんど湧き起こりません。

たいてい、できあがりの満足度は、30%か40%。ああ、もっとこうしたかったなといったことしか思い浮かばないし、かといってそのことをくよくよ引きずるほど、落ち込みもしない、次に活かそうというような気持ちです。

いい例かどうかわからないのですけれど、できあがったページは、もう別れることが決まった恋人、みたいな感じ。本屋さんに並んだ本は、ある意味では「わたしの子ども」のような存在ですが、一方で仕事という側面からだけみると自分にとってはどこか「元カレ」という感じがするんです。自分の本だってだいたい約1年くらいは目を通すことはありません。それまでさんざん、ゲラを見て、色校を見て、などしていると、もう、お腹いっぱいになってしまうのかもしれません。

編集部がそんなふうに、最高に慌ただしい校了の時期を経て、本があがってきて、著者さんや関係者に送付して……という作業を済ませる頃には、次の編集会議がはじまります。

わたしは、この編集会議が大好きでした。編集会議は当時、こんなふうに行われていました。もう使わない名刺の裏に、企画をひとつ、書きます。そこに簡単な説明も書きます。それを編集者たちが、会議でどんどん発表していって、テーブルいっぱいに編集長が並べていきます。そうして、そのテーブルに並んだたくさんの企画を見ていくうちに、次の号の企画が最終決定する、という流れです。

大きな特集に関しては、1年の予定が決まっていたようでしたが、細かなところはその都度決めていっていました。わたしは、毎月、燃えました。毎日終電近くで帰って、ろくに休みもないような毎日だったけれど、それでも、その中で、あれこれ企画を考えるのが楽しくてしかたありませんでした。電車のつり革広告、街行く人々、新刊の絵本などもチェックしました。24時間編集者、という、とてもはつらつとした気持ちでした。

大手の広告代理店の社員さんは1回に100個は企画を考えるという記事をどこかで読んで、わたしも負けずに100個考えようといつもひとりではりきっていました。実際は、50個が限度でしたが……。

お給料も安い、休みもない、仕事は極めてタフさを要求される。それなのに、自分が担当するページが欲しくなるのです。しかも、特集を担当するとなると猛烈に大変なのに、特集の担当になることは、心底誇らしい気持ちがしたものです。

数か月経つ頃には、わたしも特集を担当できるように、がんがん企画を出すようになっていました。今思えば、あきれるようなヘンな企画ばかり出していたと思いますが、それでも、情熱だけはたっぷりありました。

その頃のことです。

「もうやめたい」と思っていた3週間から、次の「3」のつく瞬間である、3か月経った頃、わたしはあるできごとを体験しました。

何のページをつくっているときだったか……。でも、2、3度の校了を経験して、いくつかのページをつくり終えた頃だったと思います。

まったく無の状態からスタートして、自分で一から企画して、取材依頼をして、取材をして、執筆をし、レイアウトデザインをし、入稿をして、あるページがつくりあがる。その行為を、自分が神様になるみたいだ、って思ったんです。だって、そのページに関しては、終始、すべて自分が見渡し続けている。「宇宙」をページに創り出す行為。

もちろん、雑誌というのは、編集長が絶対です。編集長が白といえば白、黒といえば黒という世界。読み手が想像する以上に、「雑誌は編集長のもの」です。だから、編集長は「大神様」みたいな感じ。でも、その「大きな神様」のもとで、編集者がページをつくることは、神の行為に等しいと感じました。

震えました。

当時、若くて純粋だったからかもしれません。でも、忘れもしない、職場から、表参道の地下鉄の駅に向かう路地の暗がりで、とにもかくにも「これは神の仕事だ」って思ったんです。そして、「神の仕事をするのだ、だから、とても謙虚にやらなければならない」とも思いました。はっきりと、そう思った瞬間を、覚えています。熱いものが、おなかから湧いて、からだ中に充満するのを感じました。ページに対して、どんなことでも表現できる自由さに、胸が高鳴りました。その豊かさに——。

入社して3か月。今はとてもとても苦しいけれど、でも、3年は続けようと、このとき決めました。毎日の何もかもに夢中で、楽しいとか楽しくないとかじゃなくて、とにかく早く一人前になりたい、そんなことばかり考えて、頬を紅潮させている24歳でした。

そして、同時に、こんなことも思いはじめていました。

「雑誌が編集長のものなら、編集長は最高だろうな。いつか、わたしも編集長になる。そのほうが絶対にたのしい」って。

でも、その頃のわたしはそんなことがいつか現実になるとは、つゆほども想像していませんでした。

パンク少女、編集者になる

わたしが編集の仕事を「神だ」などとひそかに興奮している頃、唯一同期で中途採用で入った、元大手出版社系列の編プロ出身の女性は、会社をやめてしまいました。もうひとり、とてもおっとりしていてやさしい先輩だったAさんも、保育の仕事に就くことになり、転職していきました。わたしがいちばん意識していた副編集長は、確か40歳目前で妊娠しており、その人もほどなくして退社していきました。

そうして、わたしがこの編集部でもっとも熱い時代を送った主要メンバーにしだいになっていきました。

女性はわたしを入れて5名。男性の副編集長(妊娠していた女性の後任となった人物)、そして60年代の香りむんむんの編集長と合わせて7名です。

当時、わたしにとても現実的な編集作業を教えてくれたのは、左隣に座っていたTさんという女性です(Tさんは、今では、校閲の専門家になり、『マーマーマガジン』やわたしの本の校閲をしてくださっています)。

Tさんは、元は某新聞の情報欄をつくる仕事をしていた方で、ものすごく博識で、編集の技術に安定感があり、仕事がていねいで、わたしのような、はちゃめちゃな新人にもとてもわかりやすく、編集の作業について教えてくださいました。

とてもおっとりした国文学科卒のお嬢様で、「お机に、原稿を置いておきましたよ」などといわれるのがわたしはとっても好きでした。一方わたしはといえば、パンク少女丸出しで、好きなカルチャーはぜんぜん違ったけれど、この左隣にいてくれたTさんとはどことなくうまも合い、つかず離れず、たのしく編集部員時代を過ごさせていただきました。「この漢字どう読むんですか?」というトンチンカンな質問にもていねいに答えてくださるような方だったのです。「自分でお調べなさい」ともいわずやさしく読み方も教えてくださったり……いや、なにもかも仕事の仕方全般を本当に微に入り細をうがって教えてくださって、ほかの先輩たちが超厳しかった反面、こんな先輩が身近にいたことが仕事を続けられた大きな理由のひとつだったと思います。

妊娠していた副編集長は、わたしの右隣で、ほかの編集部員より大きな立派なデスクで、仕事をしていました。その場所が、編集部の中心に位置していました。とても小柄な人で、かわいいマシュルームカット。ピアノの先生をしていたとかで音楽の素養もある方でした。いつも民族衣装のようなだぼだぼの服を着て、極めて自然な暮らし、食生活をして、からだからは、甘い匂いがいつもしていました。「ああ、わたしもいつか、この人のような年齢になったら、こういう民族衣装みたいな服を着るのかしらん」。その人を見ているとそんなことをよく思ったものです（実際そうなっていきました）。

当時のわたしはといえば、パンクやロック好きが高じて、おかっぱ頭に、チェックの超がつくほどのミニスカートをはいて、生足を思いっきり出して、どこかロンドンの香りがするブルーのシャツを着て、白い靴下を三つ折りにし、プレーントゥのシューズをはいて出勤していました。

ドがつくオリーブ少女であると同時に、宝島キッズでもありました。いってみたら、大人たちに中指突き上げつつ（失敬）、90年代の東京の片隅、スーパー消費の世界の中で、アナーキーな気分全開で生きていたんです。

はっきりいって自然派な、おとなしい編集部の中で、わたしは浮きまくっていました。

しかも会社はフェミニズムの考えをもとにしていたため、あからさまなミニスカートは、会社の方針にどこか反旗を翻しているようでもありました。つまり、わたしは空気の読めない相当のおばかさんだったということです。

編集長や副編集長は、記憶にまちがいがなければ玄米菜食で、ベジタリアン。わたしは、当時マックで照り焼きバーガーやコカ・コーラをバッグにうまく隠してお持ち帰りしていました。でも、そうしながらも、少しずつ、わたしは、その自然派育児の世界から影響を受けはじめていました。

オーガニックフードのこと、人権の考え方、化学物質の問題、環境問題、自然派の育児のこと、幼児教育の現場のこと――。自分自身の考え方がそこへ一足飛びにシフトするわけではなかったけれど、理想を深めれば深めるほど、そして「いつか自分も、そこへ行くだろうな」という予感はしっかりありました。

だって、そこにいる大人たちが、どこか、わたしの目に魅力的にうつっていたからです。自由でやわらかくてとても上品に見えました。

編集長は、どの人も「さん」づけで呼びました。わたしたちも役職で呼ぶことはなく、上司に対してもみんな「さん」づけです。

わたしたちが、同僚のことをあだ名で呼んだりするのを、編集長は「気持ち悪い」といっていやがりました。のちに、フリーランスでライターをするようになると、「服部!」と、上司が平気で敬称なしで呼ぶ現場をたくさん経験するようになりましたが、そんなふうに呼んだら、上下関係はすぐにはっきりするんですよね。

でも、「さん」づけで呼ばれることはみんなの関係性を自然に平等にしました。また当時、女性の作家さんが代表の会社だったこともあり、女性だからといって不利なことは一切ありませんでした。今思うとすごいことですが、職場にはいじめなどもなく、編集部員たちは、それなりに仲良くやっていたように思います（あとで、その編集部をやめてから、世の中の「男尊女卑」ぶりを目のあたりにして驚愕したものです。慣れるのには数年かかりました）。

こういう、どこか60年代、70年代、自然食ブーム的な、出版社でいうと、晶文社的、草思社的、太郎次郎社的、地湧社的な、草の根的な、どこかヒッピーの香りを残しつつ、でも中央に絵本のマインドがどんとある、そんなものづくりの現場を、自分自身の趣味とはまったく関係なく、本当に、だんだんと好ましく思うようになっていったのです。

実際、絵本作家さんたち、著者の先生たち、オーガニックや自然の世界の話は、なにもかもが新鮮でした。自分の知らないことばかり、そうして、すべてがどこかのびのびとしていて、豊かで、あたらしい感じがしたものです。

さて、そんなこんなしながら、編集の仕事とともに、編集する対象にも魅力を感じるようになっていた頃、プライベートでは、つきあっていた恋人と別れることになりました。当時の編集部のジンクスは、「この編集部に入ると、恋人がいなくなる」――。

わたしもご多分にもれず、恋人レスになりました。

まだ学生だった彼とは、自然にギャップがうまれていたのでしょう。様子が変だなぁと思っていたら、ある日、好きな人ができたと告げられました。大泣きしました。昼休みにTさんに向かって泣き、帰りながら泣き、家に帰って泣きました。

「それでも、わたしには仕事がある。仕事があってよかった」。そう繰り返し思いながら、毎日向き合う仕事があるのが、唯一のなぐさめでした。この頃から、遅ればせながらいよいよわたしの青年期とお別れし、本格的に、編集者になっていったのです。

わたしは、もうすぐ25歳になろうとしていました。

いちゃいちゃが足りない

とにかく、目の前のことについていくので必死でした。今思うと、新人のわたしが、どのように月刊誌の編集者をしていたのか、考えるだけで気が遠くなります。

約2週間で、すべてのページをつくってしまうのです。企画をして、校了までが約2週間。月刊誌は本当にすごい。大手の会社は、ライターさんなど外部にもスタッフさんがたくさんいたり、複数班体制だったり、そもそも人数も多かったりして（それでも編集の仕事は重労働ですが）、やりくりができるのだと思います。

でも、わたしたちは、月刊誌を約4～5人の女性編集者でつくっていました。副編集長、編集長はいましたが、実際に、取材をして記事を書き、デザインも校正まで……現実的に手を動かしページをつくるのはわたしたちの仕事でした。

今思うと、本当になまいきだったと思いますが、新人のくせに、けっこう、先輩に編集部の体制について意見をいう若造でした。わたしがこの2つのことを提案したところ、先輩たちは、とてもこころよく、受け容れてくれました。

◎編集部の席替え

みんなが壁に向かって仕事をしているので、「島」のかたちにしてほしいと嘆願しました。

◎最低限の技術の伝達

わたしがあまりにわからないことが多くて、そのことで先輩たちの仕事を止めたり、うまく進行できないことが多いから、土台となる技術を教えてもらう時間をつくってくださいと懇願しました。

入社して3か月くらいの頃に、1週間、毎朝、1時間ほど副編集長が中心となって、レクチャーをしてくださいました。編集部全員で受けました。

とにかく、今ふりかえっても、よく働きました。

朝10時から夜の19時が定時ですが、可能な限り、わたしは、1～2時間前に出社しました。誰もいない編集部で仕事をするのはとても気分のいいことでした。いや、本当は夜は早くに帰って、今思えばもっと早く出社してもよかったかもしれないと思います。いや、でも、夜は夜で、先輩や編集長たちがずっといるので、そこで「帰ります」とはいえない雰囲気がありました。

そんなときは、会社に泊まりました。

1泊くらいはあたりまえでしたが（朝5時くらいまで仕事をして、数時間仮眠をとって、また9時くらいから仕事をします）、最高で、1週間くらい会社にいたこともあります。どうにかならなかったんですかね……。上司は早く帰りなさいといつもいってくれましたが、でも、いつまでたっても仕事が終わらなかったし、何よりきっと当時のわたしはそういう体験をしてみたかったんですね。

とにかく自分が未熟な上、仕事量が多かったこともありますが、今思えば、編集という仕事に夢中でした。なにせ、自分のスキルをあげたかった。思うようにページをつくったり、可能な限りおもしろくしたかった。前の号でできなかったことを次の号でできるように——。

ちょっと取りつかれていました。からだの全部が仕事でぱんぱんでした。眠ってからも、仕事の夢をしょっちゅう見ていました。夢の中でもラフを描いたり、ゲラチェックをするありさま。そりゃ、ボーイフレンドだってどこかへいってしまうわけです。編集部のあったA社は、出版部以外にもたくさんの部署があって、編集以外の仕事ももちろんたくさんありました。

未熟者のわたしにとってこれが、本当に、最高の、修行の場でした。当時は、編集の仕事だけ集中していたいなんてエラそうにも思っていましたが、なになに、ジェネラリストたる編集者、何だってやる！という気迫が、若い頃のわたしには欠けていました。この新人時代に一見無駄かも、と思えることをさせてもらったことは、すばらしい「仕事筋」の筋トレになりました。

毎週水曜日だったか、朝、早く出社して、お店のまわりを箒で掃き、水を撒いてデッキブラシでこすり花の手入れをするとき、よく編集部のみんなで、「ああ、いちゃいちゃしたい……」という話をしていたのを思い出します。若い女性ばかりが集まる編集部でパートナーがいる人はひとりもいませんでした。みんな、仕事に夢中だったけれど、どこか少し孤独でした。

「将来、いちゃいちゃバーを女性向けに開いたら儲かるはず！」とそんな話で爆笑しながら、わたしは遠く、その場所から見える表参道のけやき並木を見ていました。あの通りの向こう側には、当時、インディペンデントでスタートしてどんどん大きくなっていった某音楽誌の編集部があることを知っていました。

あの頃もりあがっていた渋谷系のインタビュー記事、気鋭の写真家たちが撮影するアーティストのクールな写真、ライターさんがのびのびと、自己表現する世界観――。そんな音楽誌のファンだったわたしの最高のあこがれでした。いわゆるメジャーでないところも好きでした。

「ああ、あの通りを越えた向こうにそんな世界もあるんだ……」

通りを遠い目で眺めて、わたしは箒をしまい、また、自分の担当ページの制作の続きをやりに2階にあるアンネの部屋のような編集部に、厳しい顔をして、戻っていくのでした。

段ボール取り合いの日々

毎月毎月、雑誌づくりに関わって、気づけば、あっという間に1年の月日が経っていました。わたしもいっぱしに、特集などを任されて、それはりきって、ページづくりをしていました。

「魔女」の特集、「かっぱ」特集、テーマごとの絵本の特集――。絵本作家の飯野和好さんと一緒に付録をつくらせていただいたり、まだ有名になる前だった米村でんじろうさんにオファーをして、空気砲などのページをつくったり……。自分の企画が通って、ページになっていくのがたのしくてたのしくてしかたのない時期でした。あまりに、編集部にばかりいるので、ゆうに3年くらいは経ったような気分でした。

編集部は、希望が叶って机の並びが島のかたちになって編集部員がお互いに顔を合わせるレイアウトになっていました。

その頃のメンバーとの雑誌づくりが、わたしがその育児雑誌編集部にいた中で最も熱く、激しく、おもしろい時期でした。当時の編集部のメンバーはこんな感じです。

ひとりめは、先にも登場したTさん。

ただし、Tさんは、どの号からだったか、育児雑誌も部分的に関わりつつ、別の人権系の骨太な新聞のスクラップ雑誌（全国の16紙の新聞から、子どもに関する記事を一斉にスクラップして載せるという雑誌で、巻頭の対談などの特集ページもとても読み応えがあり、とても良質な雑誌でした）の副編集長になりました。はちゃめちゃな編集部で、ひとり、マイペースを保っていたという印象です。

どんなにわたしたちが徹夜をして床で眠ったりしても、Tさんが床で眠ったりしたところなど一度も見たことがありません。仮眠をとるとしても、机の上にハンカチを敷いて、そうっと、うつぶせになる程度で、あきらかに、野生児のわたしたちとは一線を画していました。

ふたりめは、わたしが少しずつ編集部の仕事に慣れた頃入社してきた、関西でのフリーライターを経て東京にきたYさんでした。「さん」づけがあたりまえだった上品な編集部で、なぜかYさんだけがあだ名で呼ばれていました。編集長は、そのことをよく指摘しましたが、わたしたちはあだ名で呼び続けました。もちろん、この人は野生児のほうでした。隣の席で、ものすごいスピードで原稿をアップしていくのにそれはそれは引っ張られました。細いからだで、永作博美さんを関西風にしましたというようなくりくりとした目つきでとにかく、よく働く人だった。

「服部さん、まだ書いてんのん?」といやみをいわれ、くやしい思いをしたのも一度や二度ではありません。夜中の12時になるとタオルでハチマキをして記事を書きはじめるので、みんなに笑われていたけれど、とにかく、大変だったあの頃の編集部のムードメーカーでした。みんなの野性を牽引していました。

その向かいに座っていたのが、Sさん。

Sさんは、Yさんとはうってかわって、とてもおとなしくて、理知的な感じの人。声もそんなに大きくなくて、Sさんのつくるページはどこかやさしくて、やわらかくて、Sさんそのもの、という感じでした。

いつだったか、みんなが朝礼に行っている間に、仕事上でSさんにとってとても悲しく、くやしいことがあって、わたしとふたりきりの編集部で、Sさんが、編集部にあった枕に、突っ伏して泣いたこともありました。先輩だった涙のSさんを、わたしは、どうにも支えることができず、ただただ、「そうですね、そうですね」といって話を聞くのが精一杯でした。

その後、Sさんは、パートナーを得て、たくさんのお子さんたちに恵まれて、自然育児関連のお仕事をされたりしていると風の噂で聞いています。

おおむね、このメンバーで育児雑誌をつくっていましたが、途中から、Hさんという、年上の編集者さんも入ってきました。

Hさんは、さらに誰よりもおっとりしていて、森の妖精みたいな人でした。当時からテレビもラジオもない家に住んで、何時間でもお風呂に入っているような人でした。

なんだろう……、今思うと、とにかくみんな、ばりばり仕事ができる！というよりは、どこかおっとりしていて、気のいい人ばかりの集まりでした。

労働条件があまりに過酷だから、こうなったら労働組合をつくるしかないと残業明け、22時半あたりから居酒屋さんで会議をはじめるのですけれど、結局日々の業務が忙しすぎて、そんなことも実現するはずもなく、結局、雑誌づくりに専心する日々でした。

徹夜をするときは、会社にあった段ボール（書店だったから段ボールだけはたくさんあった）を床に敷いて仮眠をとります。今だったら、寝袋を用意するとか、そんなことも考えるのだろうけれど、当時は本当に自分に余裕がありませんでした。分厚い段ボールはみんなで取り合いをして（貧しい！）、分厚い段ボールで眠れた日はありがたい、と思いました。

めいめい、自分の机の下とか、廊下とかで、2時間ほど眠るのですが、校了のときなど、みんなが、もう、力尽きて、バラバラと床で眠っていて、そこを、朝、データを取りにきた印刷会社の営業の人がまたいで歩くなんてこともありました。

編集長がこれまたタフな人で、わたしたちが夜中に夢の中で原稿を書いていると、けっこう遅くまでつき合ってくれて、椅子で仮眠をとったりして（編集長も床で寝たりしない人でした。優雅な男性でした）、からだが揺れているからすっかり寝ているのかと思ったら、突然「原稿できた？」というので、すごい技のもち主だと感心していました。

この編集長が朝出社して、わたしたちが仮眠から目覚めて床から、めいめい立ち上がると「きっと、いい思い出になるよ〜」といったりするので、わたしたちは、「ひどいです！」と怒っていたのですが、でも実際、この日々が、くやしいくらい本当にいい思い出になりました。

とにかく、おもしろい雑誌をつくろう、そして、まわりの仲間よりも、おもしろい記事をつくってやろうと、それぞれがライバルで、同時におかしな仲間でした。いまだに、Tさんと会うと、この頃のおかしかった話でいつも盛り上がります。話し出しては大笑いし、話すネタがつきません。

そして、何よりおかしいのは、やっぱり、大失敗したときの話かもしれません。

とにもかくにも失敗だらけ!

新人時代というのは、誰しも失敗が多いもの……というか失敗するのが新人というものので、失敗が怖い人、失敗から立ち上がれない人は、こと、編集者の仕事には、向いていないかもしれないと、早い時期からわたしは感じていました。

プライドが高いとか、こころが弱いとか、頑固だとか、そういう傾向が強いと、失敗したくなかったり、失敗を怖れておじけづいて逃げるようになる気がします。そういう性質というか精神の状態が、基本的な技術の習得や仕事をする人間としての充分な成長をさまたげてしまうだろうと感じていました。

実は、わたしも当初、そんな「新人」だったように思います。自信はないくせにプライドばかり高い。気も強いほうとはいえず、すぐにくじけて涙が出てしまうタイプ。

でも、失敗をしても立ち上がれたのは、希望があったからでしょうか。編集者としての技量をあげたい、おもしろいページをつくりたい、びっくりするような企画を立てて読者の方々を喜ばせたい、そのためなら、失敗するのも怖くない、と少しずつ思えるようになっていったのかもしれません。

全部が糧になると腑に落ちれば、怖いものもないのでしょう。でも、実際、新人時代のわたしは、足がいつも小刻みに震えているような、そんな気持ちで、毎日を送っていました。

はずかしいことに誤植もたくさんありました。校正者がいなかった編集部は自分たちで校閲、校正をするのですが、校正をはじめる頃にはもう、疲れもピークで、大事な部分を見落とすことが多かったです。

わたしは催し物などの情報のページを担当していたので、人物の名前、電話番号、そういった基本情報は絶対にまちがえないように、と先輩たちに繰り返し教えられ、おそらく、大きなまちがいをしたことはなかったと思うのですが、逆に見出しやリードで派手なまちがいをすることがありました。

忘れもしないのが、大きなタイトルの横に、

〝「あなたのことが好き！」という気持ちを大切に……〟というようなリード文を書いたときのこと。「あなたのことが好き！」と書きたかったのにできあがった雑誌をめくると「あなたのことがきき！」となっていて、先輩のTさんに、「ききって……猿⁉」と突っ込まれたこともあります。

この誤植は文字も大きく、目立つ場所にあり、けっこうへこみました。

人物名のまちがいをしたことがないと書きましたがそれは嘘で、大物イラストレーターさんのクレジット（雑誌には関わった人のスタッフクレジットがページのどこかに入っています）を掲載するのをすっかり忘れてしまって、イラストレーターさんにそれはこっぴどく怒られたこともあります。

巻頭の特集を任されたばかりの頃で、見開きに大きな盆踊りのイラスト（細かく人物が描かれたすばらしいイラストでした！）を時間をかけて描いていただいたのにもかかわらず、クレジットを掲載し忘れたのです。なんということ。

このときは、カンカンに怒っていたイラストレーターさんのところへ副編集長が謝りにいってくださいました。「わたしも行きます！」と申し出ましたが、服部さんは来なくていい、とやんわり断られました。

あの副編集長は、そういう大事な役を、新人のわたしに任せられないと思ったのか、ひとり編集部に残って、それはそれは苦虫をかみつぶしたような気持ちでした。イラストレーターさんに本当に申し訳なかったですと、直接謝りたかったです。

編集者は、本当に本当に、謝ることばかりの仕事だなとつくづく思います。謝らなくていい仕事をしている立派な編集者さんもいるかもしれませんが、作家さん、著者さんたちに無理なお願いをすることが多く、頭を下げる場面が本当に多いような気がします。

たくさん失敗して、頭をぺこぺこぺこぺこ、わたし、バッタ⁉ というくらいに下げまくって、そうこうしているうちにどうでもいいプライドや自信のなさが、砕かれていった気がします。

失敗は……数えあげていったらきりがないです。でも、たくさんの失敗が、硬かったわたしをやわらかくし、若さでこり固まっていたわたしの風通しをよくしてくれ、そうして、新人から、なんとか一人前の編集者へと成長させてくれた気がします。失敗しなかったら硬い「わたし」はかたくななまま、本当に、つまらない人間になっていただろうなと思います。よく、失敗は買ってでもしろ、なんて言いますが、実際若いうちにたくさんたくさん失敗ができたことはかけがえのない財産です。

何より思いっきり失敗をさせてもらえたあの職場の環境に、本当に感謝をしています。

そうして、いよいよ、新人時代を終える頃……わたしは世紀の大失敗を、体験することになります。大物映画監督と大物作家の対談のテープが録れていなかった事件です（失敗も大きくなると事件になるのですね）。

事件、発生！

とうとう、その時は来ました。

思い出すだけで身の毛がよだつ（身の毛がよだつ、とはこういうときに使うものなのですね）……大失敗の話です。

編集部員になって、1年か2年くらいの頃だったでしょうか。東京国際女性映画祭に際して、ドイツから来日したドキュメンタリー映画監督と、当時、編集部のある会社の代表であり作家であったOさんの対談の収録記事を担当することとなりました。

場所は、確か、ホテルニューオータニだったと思います。

わたしは、その女性の監督にさしあげる花束をOさんから、ことづかって、買ったこともないような量の大きな花束を表参道の花屋さんでつくってもらい、ホテルへと向かいました。

手配したホテルの一室で、対談がはじまりました。その場所には、その女性の監督とOさんと通訳の女性、そして、わたししかいません（写真はわたしが撮りました）。お茶を手配したりするのもすべて、編集者であるわたしの仕事です。

高級ホテルの一室で、静かに対談ははじまりました。

まだまだ駆け出しのわたしは、ほとんど、対談の進行を仕切ることなく、Oさんが仕切ってくださっていました。対談がはじまると、わたしは、テープレコーダーをテーブルから少し離れたベッドの上に置きました。今思うとバカみたいですが、恐れ多くてふたりに近づけなかったのだと思います。なんとおろかなこと！

対談はつつがなく、1時間半ほど行われたでしょうか。無事に終了して、監督とOさん、通訳の方を見送って、その日の仕事が終了しました。

さて、冷や汗がからだじゅうの毛穴という毛穴からどっと吹き出すのはここからです。編集部に戻って、1日ほど経って、テープ起こしをしようとしたときのこと（当時は、テープ起こしを外注する予算もなく、すべて編集者が行っていました）。イヤホンを耳につけて、テープを頭出しして、ボタンをポチっと押します。

……。

……。

ものすごーく、音がちいさいのです。

おかしいな、と思って、音量をあげます。でも、小さい。何度も何度も繰り返しました。とにかく、ものすごく遠くで話しているのはわかるのですが、まったく聞き取りをすることができないのです。

いやな汗が吹き出しはじめました。

以前、（民族衣装をいつも着ていた）副編集長さんがやっぱり、インタビューのテープが録れていなかった話をしてくれたことがありました。日本を代表するピアニストNさんのインタビューで、インタビュー後そのことがすぐにわかり、Nさんに話すと、「このあと、もう一社取材があるからあなたもそこに同席なさい。同じことを話すから」といって助けられたという逸話を聞いたことがありました。

でも、今回は、もう1日以上経ってしまっています。もう一度やり直すといったって、監督はドイツに帰国したばかり。いや、仮に日本にいたからといって、超多忙な監督とOさんがもう一度会う場面などあるはずもありません。

だいたいOさんにだってテープにうまく録音がされていなかったなどと口が裂けてもいえません。入社以来の大失態に、目がうつろになりました。

隣の席のTさんも、話を親身に聞いてくれました。

さあ、どうするか……。

おでんの夜に

深夜の編集部。

ドイツ人の女性映画監督、作家のOさん、そして通訳の方が話す声がぼそぼそと入っているテープレコーダーを前にわたしは腕組みをしました。

何度聴いたって、声は聞こえません。あたりまえです。

当時のわたしは、情けないことに本当にびくびくして仕事をしていました。特にわたしにとってOさんは、迫力があって、その存在を尊敬していて、存在そのものが何か圧倒的でした。でも、この臆する気持ちが、災いをもたらしたのです。

わたしはふたりの話すテーブルに、もしくは、通訳の方の近くにテープレコーダーを置くべきだったのです。それなのに、当時のわたしはといえば、テーブルからほど遠いところにテープレコーダーを置いて、自分も遥か遠く、ベッドよりさらに向こうのドア前で、定食屋さんのテレビをながめているかのような面もちで話を聞いていたのでした。日々の入稿作業で疲労困憊。そこに座っているのが精一杯、でもあったんです。

これって、はっきりいって仕事の放棄ですよね。今からでも、あの場にタイムスリップして、自分の耳元で「テープレコーダーをテーブルの上に！　自分も近くへ寄っていってメモを取って！　仕事、ちゃんとなさい！」といいたいです。

今だったらそんなおろかなことは絶対にしないと思います。テープレコーダーは、出席者が話す目の前に。時にテープレコーダーを2つ置くこともあります（その後しばらくはそうしていました）。また自分も近くにいてメモをこまめにとったと思います。

わたしは、テープレコーダーから淡くもれ聞こえてくる女性たちの声を遠くに聴きながら、あと2日と迫る〆切日に胃をきりきりとさせていました。

このときわたしは決めました。Oさんに謝る前に、やれることをやろう。

実は、日本語のほうはよく聞こえなかったけれど、英語（確かその日は英語で対談が行われていました）はまだすこしは聞こえました。それで、通訳の人にだめもとで連絡をすることにしたんです。

通訳さんとははじめて会ったのですが、テレビなどでもよく見たことのあるベテランの女性の通訳さんでした。名刺の電話番号に連絡をして、正直に、録音がうまくできず、聞こえなかったことをお話ししてこころからお詫びしながら、一緒にテープを聴いて話を思い出してもらえないかと伝えました。

ふたつ返事で、家にいらっしゃいといってくださいました。

忘れもしない、埼京線の先のほうにご自宅はありました。お電話したその翌日夕方の17時すぎに、ご自宅にうかがいました。

広い一軒家で、その通訳の方がいうには、ここ数年の間に家族の方がみんなお亡くなりになって、つい最近もご両親のうちのどちらかが亡くなったばかり、とのことでした。

とても広い家に、ぽつんと女性ひとりが住むのってどんな気持ちなんだろう……と家を見渡しながら、うながされたコタツに入りました。

通訳さんはお茶を淹れてくださって、世間話をすこしだけしたあと、「ではさっそく聴きましょう」といって、テープを一緒に聴いてくれました。

真剣にテープレコーダーに向かうふたり。

「うん、英語はところどころ聞こえるね、ひとつずつ訳していくね」

そういってくださいました。

わたしは、通訳さんが、ひとつひとつ訳してくださることばをノートにどんどん書いていきました。

夜、何時になったでしょうか？　夢中でふたりで仕事をしていて、何時になったかわからないほどでした。

通訳さんが、おなかすいたでしょう、といって、つくりおきのおでんをあたためてくださいました。ふたりで、コタツに入って食べる熱々のおでんは格別でした。

最後まで、2度目の通訳が終わると、わたしはことばをどんどん書き写していたノートを閉じました。完成したのです。

通訳さんの記憶力もすごかったんです。ところどころ聴こえないところは記憶に頼りながら、完璧ではないけれど、すべてを訳すことができました。

もう、御礼のことばもないほどです。こんなとき、どう感謝をしたらいいのでしょうか？

でも、もう〆切も迫っています。わたしは、慌ただしく玄関先で御礼をいって、埼京線に飛び乗りました。窓から、夜景がどんどん過ぎ去っていきます。家々にともる灯りが、じんわり、にじんで見えました。

ほっとしたのと、うれしかったのと、でもまだ気が張りつめているのと、もういろんな気持ちがないまぜになって、目頭を熱くしてただただ夜景を眺めているしかありませんでした。時間は22時すぎ。

さあ、これからいよいよ記事の作成です。

16ページが落ちる!?

ドイツ人映画監督と作家Oさんの対談のテープが録れていなかった事件は、無事、解決をしました。このあと、大急ぎで原稿をつくり、何ごともなかったかのように編集長に見せ……もちろん、編集長は、ことの顛末は何も知りません……無事、入稿をすることができました。

通訳の女性があのときあのような対応をしてくださったことは、無事に原稿が完成したということを超えて、大きな大きな財産になりました。

新人が成長するときは、本当に失敗だらけの日々を送るわけですが、そのときの先輩や上司、まわりの年長者たちの対応はのちのち、仕事をする者にとっての大きな宝そのものです。

同じような問題が起こった際に、自分はどう対応するのか？　どこまでをやって、どこから先はやらないのか？　こういった行動や行為の規範のようなものが失敗を重ねながらつくられていく。

しかも、新人の頃は、失敗をすることによって覚えるなんザ、ものすごい労力のムダ！とよく吠えていたのですが（口をつくのは、生意気な発言ばかり！）、そのムダなことこそ、本当に、すばらしい糧になるのですぞ、と息巻いていた頃のわたしを「どうどう」となだめてあげたいです。

さて、同じ頃、先輩のYさんに大きな災難がふりかかりました。

Yさんはフリーライターあがりだったこともあり、文章を書くのがとにかく早くてうまい。すらすらとなめらかな文章がどんどん出てくる。隣でわたしが涙目で原稿をのろのろと書いているといじわるそうな、ニヤニヤした目つきで「服部さんまだ終わらへんの？」とよくいやみをいう、あのYさんです。

でもネ、このYさんのおかげで、本当に、わたしは、たくさん仕事ができる自分になりました。このYさんに「まだ書いてますのん」といわれると腹が立って腹が立って、天に向かって、猛烈な勢いで「うまくなりたい！　早くなりたい！」とさけびたいような気持ちになったものです。

そんなYさんが、当時、かならずわたしたちの育児雑誌についていた中とじの中特集の担当をしていました。確か、子どもが、「NO！」をいい自分の身を自分で守る、相手の権利をおかすことなく、自分の意見を対等に表現する方法を伝える硬派な内容の特集だったと思います。

その育児雑誌では、当時、たびたび虐待についても取り上げており、あらゆる虐待から、子どもたちをどう守るのか、まわりの大人たちがどうそれに気づくのかは常に大切なテーマでした。

全部で16ページだったと思います。中とじの1折(ひとおり)ぶん、まとめてYさんが担当をし、それは見事な中特集にしあがりました。

全ページに描きおろしのイラストも入り、文章もすべて入って、デザインも済んで、いよいよ校了作業（最後のチェック）を行っていたある夜のことです。右隣の席で、青ざめた顔で、Yさんがその16ページの特集の監修者と電話で話をしています。かなり雲行きが怪しそう……。

電話を切ったYさんに「どうしたんですか？」とたずねたら、「全部、載せんといて、だって」と沈みこんでいました。そう、もう、あと印刷するだけ、という段になって、全部のページを掲載しないでほしいといわれたのです。

校了といえば、もう、印刷する直前の段階。〆切的には、最後の最後の段階です。16ページ落ちるなんて、聞いたこともありません。16ページをつくり直しするのだって不可能です。だって、もう、今が校了のタイミングだからです。

わたしの記憶にまちがいがなければ、翌日Yさんが編集長とともに監修者に会いに行って、直談判したと思います。それまで、問題なく進んでいたのに、なぜ、校了の時期に、全掲載がダメだなんて……。

あの完成度の高いすばらしい特集が落ちるという非情な現実に、編集部員は、北極と南極の氷を重ねて積み上げたくらいに冷たく凍りつきました。

真夜中の編集会議

夜中の1時すぎに、編集部員全員で会議が開かれました。編集長とともに、表参道の、少し高級な和食屋さんへみんなで行ったのです。担当のYさんは、すっかりうなだれています。わたしたちも、体験したことのない事態にしんみりしていました。そしてこころなしか、ちょっぴり元気な編集長――。

そう、当時、編集長のIさんは、おいくつだったのでしょうか？　50歳代後半くらい？　とにかく編集長はタフでした。人気の週刊誌編集部を経て、A社の立ち上げから関わっていたIさんは、風貌からして、「ザ・編集者」という感じ。花森安治さんが大好きで、花森さんにフォークソング風味を足して2で割ったみたいな、たくましくて自由な香りムンムンの編集者でした。

元気がよくて、ちょっと斜に構えた大きな愛らしい犬みたいな人。何か口を開けば、ウィットに富んだことをいって、人を気持ちよくさせる天才みたいな人です。多くの作家さんたちが、このIさんに信頼を置き、また、どこかはちゃめちゃかつチャーミングなIさんを愛していたような気がします。編集者って、こういう人種のことなのだ、というアーキタイプを、わたしはIさんから学んだといってもいいかもしれません。あくまでもわたしから見てですけれど、Iさんは、タフともいえましたが、どこか事件好きだった気がします。何でもおもしろがる装置が体内に内蔵されている感じ。どんなことでも「なんとかなるでしょ」という人だった気がします。

だいたい、わたしは、Iさんにほめられたことなんて、ほとんどといっていいくらいありませんでした。この編集部を辞めることになってはじめて「服部さんは最初から文がうまくなると思っていた」みたいなことをいわれて「もっと早くにそのはげましがほしかった」と思ったものです。当時しょっちゅういわれていたのは「これ、おもしろいの?」「これ、初校ゲラ?」（校了のゲラを見て、あまりに赤字が多いので、いつもそういって揶揄されていました）ということば。でも、どこか憎めないのがIさんでした。

そのIさんが、和食屋さんのテーブルで、「はい、好きなもの、みんな頼んで」といって、のんびりと座っています（ちなみにIさんは、ものすごく少食で、当時はほとんど菜食でした）。わたしも担当者じゃなかったこともあったりして、正直このことの一切を、ちょっぴりたのしんでもいました。

食べものが少しずつ並んで、夜中の1時から、みんな、食べるものをつまみはじめました。そうして、編集会議がはじまったのです。

あと2日でできる企画は何か。16ページぶん、落ちたのです。担当だったYさんは、そうでなくてももうフラフラなのに、何より精神的にかなり消耗していたと思います。

夜中の1時なりに、意見がいろいろ出たように記憶しています。

今のわたしだったらどうするでしょうか？　編集長の立場だったら、もう、そのページを今回はなしにしてしまう、いっそのことノートにしてしまうとか、そういう安易な案にしたかもしれません。Iさんほど、わたしはタフじゃないと思います。もう、スタッフが無理なくできて、リスクがない方法を探してしまいそう。でも、Iさんと当時の編集部員は違いました。

とにかく残りの時間で、版権に問題がなく、今すぐできるもの、そして、とにかくおもしろい企画、いやボツになった16ページよりももっとおもしろい企画（！）を懸命に考えたのです。

子どもと大人が一緒になってやるゲームブック、みたいな企画に決定しました。

すぐにできる企画といっても16ページです。当時わたしたちがつくっていた雑誌は毎号1ページ1ページがかなり濃密で、その16ページも、手抜きな感じがまったくない企画にしあがっていました。

それからのYさんがすごかった。おそらくその日から数日間はまともに眠らなかったと思います。たしか、ハチマキをしたまま……机にはりついて、記事をつくり続けました。

当時の編集部は、すべて編集者が原稿を書きます。もう、わたしも隣で、声もかけられないほど、Yさんは集中していました。

2日後、16ページぶん、みごとにできあがりました。もう、信じられない早さと濃密さでした。Yさんでなければ、できなかったと思います。

校了と同時に入稿という荒技を経て、雑誌は刷り上がりました。わたしたちの雑誌には読者カードがついていて、人気のページをチェックする欄がありました。

雑誌っておもしろいですね。そのYさんが2日でつくり直した16ページのゲームブックが、その月ダントツのいちばん人気でした。Yさんや編集長のIさん、そして、この間を見守って助けた編集部員をこころから誇らしく思うできごとでした。

期限つきのがんばり

学校を卒業して、はじめて勤めた会社での日々も2年が経とうとしていました。わたしは、26歳から27歳になろうとしていました。

なにもかも、自分の考えと同じというわけではなかったけれど世の中でもっとも弱い人の立場に立って考えようとする会社の方針や、フェミニズムの基本的な考え方、態度が自分にも少しずつ身についてきたことを好ましく感じていました。

オルタナティブなものの見方を自分も少しはするようになりました。パンクとか、オルタナとか、そういったジャンルの音楽が好きだった部分とも大いに接点があり、わたしなりにオーガニックやエコロジーの考え方を吸収していきました。

ハードワークは続いていましたが、あいもかわらず毎号、編集会議になるとどんなにヘロヘロでも、嬉々として企画を出し……今考えるともう少し手を抜けばよかったと思いますが……、ラフを書くときも、こころの底からわくわくして書き、取材への足取りは軽く、先輩たちとも仲良く、それは、まあ、ゆかいにやっていました。人間関係もおもしろおかしく充実していました。

自分にとってしんどいのは、大量の原稿を自分で書くこと、でしたけれど、それでも、わたしは熱心でした。

著者さんの原稿についても、とことん、つきつめて、文章がよくなるようにはりきって編集していました。本当に、仕事がおもしろかったんだと思います。

少しずつ、自分のスキルがあがっていくことを感じるのは純粋に快感でしたし、名刺をもって取材に行けば、社会人として、いや、それ以上の対応をしてもらえることも多く、それにもとても満足していました。

時間はなかったけれど、映画の欄の担当もしていたので、合間をぬって、試写にも行きました。思い出すのは、河瀬直美監督への取材の一環で、映画『萌の朱雀』の試写を観に行ったときのことです。

おおむねいっぱいになった試写室の後ろのほうの席に座っていると、しばらくして、まわりの人から静かなざわめきが起こりました。まわりの人の視線の先に目をやると、故・淀川長治さんが、車椅子に座られて、入場し、最前列に座られました。試写室は水をうったように「しん」となりました。

わたしもこころの中で「おお」と歓声をあげました（学生の頃、淀川さんが映画塾のような会をやっておられて、申し込みだけして、うかがえなかったことがあったんです。だから本当にうれしかったです！）。

その後、映画がはじまってからも、淀川先生が「げほげほ」と咳をするたびに試写室の人々は、映画の内容よりもその咳に一喜一憂する、という感じでしたが、でも、淀川先生と一緒に映画を観られたことは本当に誇らしい体験でした。

まあ、いってみたら、編集者の生活は大部数とはいえない育児雑誌担当者の身にも華やかでした。わたしが所属していたちいさな編集部のおっちょこちょいで、調子ばっかりよくて、熱血で、でも、なんかいつももたもたしている……そんな新人のわたしでさえ一人前の編集者として扱われて、新鮮さに満ちあふれた大人の世界をのぞくことができました。刺激的で、胸の奥が〝じゅん〟と音を立てて、からだ中が感動で満たされるような体験もしょっちゅうしていました。

ただ、わたしのこころの中では、「とにかく3年まではがんばる」、「この編集部で学べることを学んだら卒業する」が合言葉でした。とにかく、「今学べることは何でも学ぶ！」という意気込みに満ちていたと思います。

一日でも早く一人前になりたかったし、いつもいつも、もっともっとおもしろいページをつくりたい、と思っていました。すごくおもしろい会社だったし、編集部だった。でも、自分がずっといる場所ではない、と感じていたんです。

今思えば、当時、新人だった自分の待遇がすごくよいわけではなかったはなかったということは、次の世界に行くためのよい動機になったと思います。その場が完全に満たされた場所だったら、一生そこで過ごしたかもしれません。

また自分をつきつめていった時に、自分が本当に取り組んでみたい表現は、別にありそうでした。むろん自分の好みに完全に合致するものなんて、世界中どこを探してもなかったのですが――。

わたしのがんばりは、期限つきでした。

編集部に入って2年経って、「編集長になるしかない」と思った気持ちは、どこかへ行ってしまっていたと思いますが、編集者として、もっと見識を広げて、もっと実力をつけたい、という思いはじわじわと高まるばかりでした。

前しか向いていませんでした。

期限つきのがんばりの期限は、自分で思っていたよりも早くにやって来ました。

それは、入社して2年目、27歳になる前の夏から秋にかけてのことでした。

はじめてのシュタイナー

ある号の編集会議で、わたしはいよいよあたためていた企画、ルドルフ・シュタイナーの特集を提案しました。もともと大学で教育学を勉強していたことからシュタイナーの存在は知っていましたが、「難解すぎる」という先生がたのことばをそのまま受けて、論文のテーマにすることはあきらめ、ごく基本的な知識しかありませんでした。

それでも、とても興味があったし、これからの日本の教育に大きなヒントが隠されているに違いないと直感していたんです。

編集会議では、「ちょっとオカルトっぽくない？」「難しすぎない？」「宗教っぽくない？」とツッコまれながらも、「そういう側面は、排除して、概要をわかりやすく紹介する」とプレゼンし、また、いかに、シュタイナーがこれから「来る」か、を熱心に語り、説得しました。「大丈夫なの!?」といわれながらも、無事、特集を企画させてもらうことになりました。これは、おもしろくするしかありません。

今でこそ、当時の勤め先が経営するショップにはシュタイナーのグッズがずらりと並んでいますが、わたしが在籍していた当時は、関連商品もほとんどなくシュタイナーは異端扱いされていた気がします。わたしは熱心に勉強をはじめました。

繰り返しになって恐縮ですが、企画から校了まで約2週間で、16ページの企画、取材先のアポ取り、取材、ラフづくり、執筆、校正、著者校正、修正などをひとりでしなければなりません。今やれといわれてもどうするんだろうという感じですけれど、でも、そこは、情熱がすごかった。

まずすぐに、シュタイナー関連の本を調べまくって、絶対これは読まないと、という本だけに絞り込み、しっかり読み込みました。

入社当時と違って、少しは、要領がよくなっていました。何でもかんでも読もうとせずに、〆切の時間を考慮して、これは、という本を読んだり、その世界での重要人物を見極めるという勘どころも少しは身についていた気がします。

ある程度がむしゃらにやる期間を経ないことには、いい意味で〝手抜き〟をしたり、仕事に緩急をつけたりできるようにはならないのかもしれません。

シュタイナー教育を最初に日本にわかりやすく紹介した子安美知子さんのアポも無事取れました。また、人智学（アントロポゾフィー／シュタイナーが提唱した哲学）の団体の方とも連絡が取れて、全体の構成づくりをとてもていねいに手伝ってくださいました。

シュタイナーとはどういう人物だったのか。その哲学はどういう体系なのか。幼児の時期に、どういうことが大切とされているのか。子安さんのインタビュー。横浜にあるシュタイナー幼稚園の記事。シュタイナー教育の本の紹介。そんな構成だったと思います。

取材はまず、子安さんのインタビューからはじまりました。郊外にあったご自宅をたずねて、お部屋に通されて、いよいよインタビューがはじまりました。

子安さんの口から最初に出たことばはこうでした。

「つまりは、天使、ということなんです」

て、天使……⁉　つ、つまりは、天使……⁉

「オカルト臭は排除して、企画します！　任せてください！（胸どん）」と満面笑みで、編集長にいったわたしの顔が、記憶の中で、がらがらと、崩れていく音がしました。

幼稚園の先生になる

シュタイナーは、はっきりいって、オカルトでした。いや、オカルト、といいきってしまうと語弊がありますが、秘儀的な、「目に見えないこと」をたっぷり扱っていることはまちがいありませんでした。

わたしは、当時、勤めていた会社の自然を大切にする考え方、子どもや女性、ハンディをもつ人たちなどこれまで見過ごされてきた人々を大切にする考え方に、どんどん目を見開かされていました。メインストリームで、「正しい」とされていること以外にこんなにも「世界」はあり、またそっちの「世界」のほうが、豊かで自由でたのしそうだとも。

でも一方で、「目に見えない世界」……つまり、エソテリックな世界、精神世界的なものの見方については、ばっさりと、かなり潔く切り捨てているようにわたしはひそかに感じていたのです。またこういう価値観は、これからもっと必要になるとも思っていました。

一方でわたしは、シュタイナーのもつ、オーガニック、エコ、人を大切にする、そういった視点が、「目に見えない世界」へのいい導入になる、と想定していたのです。

今回のシュタイナー特集では極力オカルト臭は排除しよう。でも、きっと、いつかこのふしぎで、でも、豊かな世界からわたしたちは栄養をもらえるはず！と人智学についてよく知りもしないくせに、そんな確信をもっていたのです。

子安さんのインタビューも、「天使」からスタートしつつも、シュタイナー教育の全容をお話ししていただき、無事に終わりました。

何よりおもしろかったのは、シュタイナー幼稚園の取材です。時々、自分の人生、一生に影響を及ぼすような取材体験をすることがありますが、まさにこの幼稚園での体験は、まさにそれでした。

横浜のある幼稚園に取材を申し出ると、「取材者」という存在が園の中にいるのは園児にとって望ましいことではない（もちろんカメラを向けたりするのもNG）、という判断で、「服部さんが先生になってくれたら、取材をお受けしましょう！」といってくださったのです。こんなラッキーなことってあるでしょうか！　シュタイナー幼稚園の先生になれるなんて！

もう、ふたつ返事で「やらせてください！」といいました。シュタイナー幼稚園の先生といえば、女性、男性をはっきりさせるために、女性は、ふんわりとしたロングスカートをはきます。クローゼットから1枚だけもっていたロングスカートを用意しました。

でも、あとは……?

教育学の勉強はしていましたが、教師になるつもりはなかったので、教育実習なども一切経験していません。しかも専門は、高等教育だったから幼児教育のことも何も知らないのです。

「服部さん、幼稚園についたら、まわりの先生の真似していてくださいね〜」と園長先生に陽気にいわれて、そのことばを信じて、どうにかなるさ!と幼稚園の門をくぐりました。

取材の日、入り口に到着するやいなや「あたらしい先生だ〜!」と子どもたちがわたしのまわりに群がってきました。園長先生となにも打ち合わせもありません。編集者になってもっともエキサイティングな取材がはじまりました。

芸術そのものの幼稚園

シュタイナー特集のもっとも重要な取材の日、ふんわりしたロングスカートをはいて、横浜にある某シュタイナー幼稚園の門のところにひとり、立っていました。いつもは同行してもらうカメラマンさんはいません。あいかわらずライターも編集者である自分自身でした。

はじめて見るシュタイナー幼稚園は、わたしが知っているどの幼稚園とも違いました。わたしが通った幼稚園はどこも（父の転勤が多かったため3つも幼稚園を経験しています）、お遊戯があり、前ならえ、があり、先生が明るく元気な声で、「集まってくださーい！」などといっていました。でも、シュタイナー幼稚園は、どうも様子が違うのです。

その幼稚園は、民家を改造したつくりになっていて、当時、女性の園長先生と、男性の先生がふたりで運営していました。園児は、15人くらいいたでしょうか。とにかく、お遊戯などは一切なし。先生の声はちいさく、実に、こう、みごとに、園児たちとの時間が進行していきます。

最初は、自然のものをつかったあそびがあって（おもちゃはみんな自然物……まつぼっくりとか、木、でした）、みんなが好きなようにあそびました。みんな元気ですが、どこか調和的で、落ち着きがありました。園長先生や先生の様子を真似をしながらわたしも「先生」をしました。先生といっても、みんなと一緒にあそぶだけなのですが……。ただただ、流れのままに静かに移ろう時間がとにかく心地よかったのを覚えています。

だいたい先生が「いけません！」とか、「だめよ！」とか大声を出しません。園児がしてはいけないことをしそうなときも、魔法のように、上手にそれを回避していきます。自然に、うつくしい時間が流れます。これは、大人にとってストレスがない、とまず感じました。

シュタイナー学校や幼稚園を見ると大人のほうがまず「こんな幼稚園に通いたかった！」と思うらしいのですが、シュタイナー教育は、なにせ、大人にとって心地よく、またストレスが少ない方法なのではないかと当時思ったものです。「あれがだめ！　これがだめ！　さわっちゃだめ！　ころぶでしょ！」といい続ける子育ては、子どもはもちろんですが大人だって疲れるのかもしれません。シュタイナーが子どもという極限の性質をとことん観察してつくりあげた教育法は、とても自然でスムーズなものに見えました。

何より、子どもにとても敬意を表して先生方が対峙しているのが、心地よかった。子ども＝教育されなければならない存在、ではなくて、子どもの中にある神性を、先生が静かにリードしていく感じ。人としては平等に対峙しながらも。シュタイナー幼稚園の先生は、「先生」の威厳をもって、園児に接しているのもすてきでした。その威厳を感じることで、子どもたちは安心して、のびのび過ごせるようでした。

わたしは、「先生」としてどっぷり幼稚園のムードにひたりながら、もう、ただただ胸がいっぱいになって、目の端から涙が出そうなのを必死でこらえていました。こころが躍りっぱなしでした。こういう方法で幼児教育に取り組めることが心底おもしろい！と感じました。

ひとしきり子どもたちとあそぶと、これまた自然に、おもちゃをかたづける時間がはじまります。もちろん、このときも先生が「かたづけますよ〜」なんて野暮なことはいいません。確か、記憶が正しければ、男の先生が、それはそれはおだやかな声であいらしい歌を歌いはじめて、まず先生が、静かにかたづけをはじめます。そうして、最初は先生だけがかたづけしていたところ、だんだん子どもたちが、先生の真似をしていきます。わたしも、同じようにかたづけをはじめました。

最後まで、かたづけずにあそんでいる子どももいましたが、おおむね、最後はみんなかたづけをはじめて、一面におもちゃがちらかっていた部屋は、すっかりかたづいてしまいました。

先生が、やさしい歌で子どもたちを誘導すると自然に子どもたち全員が座ってちいさな輪が生まれます。わたしもその輪に自然に加わりました。すべての動きや息づかいが、うつくしく静かな芸術そのものでした。

シュタイナー的取材体験

男性の先生の歌に誘われて、静かな円ができる。先生が、目の前にある蜜蝋のろうそくに火をつけると、静かにとても自然にお話をはじめました。それは「素話」でした。わたしがこれまでに行ったシュタイナーの幼稚園では、絵本を読み聞かせしたりしているところを見たことがありません。それよりも、先生が、何も見ないで、素で「お話」をしてくれます。ひとりひとりの顔をしっかり見て、昔話のような、なにか、ファンタジーのお話をしてくれるのです。

お話は、子どもたちの中に静かに沁みていきます。お話が終わると、先生は「ふっ」とろうそくの炎を消しました。お話の時間の終わりの合図です。わいわいあそんでいたときとうってかわって、みんな、「しん」としたムードになっていました。

その流れで、ごはんの時間になります。あいかわらず先生は「ごはんですよ〜」など と号令をかけたりしません。ふつうに語りかけるように、ものごとが進んでいきます。食事はみんなお弁当をもってきていて、お弁当箱もプラスチックのものではなくて、みんな木など自然素材の箱でした。中身をのぞくと、茶色っぽいおかずだった記憶が……。わたしはといえば、時間がなくて、駅前のパン屋さんで買ったパンを取り出すのがはずかしかったことといったら……。

そうそう、お昼の前にあったおやつの時間は、園児みんなで育てた畑のきゅうりでした。きゅうりにお味噌をつけて食べたりしたのだったかな？　その様子も本当にかわいらしかったです。既製品のおやつなんかじゃなくても、子どもは本当にうれしそうでした。自然のものが子どもに働きかけるエネルギーの大きさをひしひしと感じた体験でした。

幼稚園を部外者として取材するのではなく、中に入って体験をさせてもらえたこと自体がシュタイナー的でした。

あっという間に、「先生」の時間は終わり、園児さんたちを見送ったあと、先生たちのインタビューを行いました。先生たちのお話もすみずみまでおもしろくて――。

この日の体験を、わたしは一生忘れないと思います。今でも、編集者や文筆家以外に職業を選んでいいといわれたら、シュタイナー幼稚園の先生になりたい、と迷わず思います。何度か専門的に勉強をしたいと調べたこともあります。それくらいインパクトの大きな日でした。

ぼうっとした頭で、ロングスカート姿で東横線に乗り込むと、まったくこれまで体験したことのない一日、さらに、これからまとめることになる特集の膨大な量を思って、車窓から見える景色をただうつろに眺めているのが精一杯でした。

そして、おなかの底では、この特集を、可能なかぎりよくすること、シュタイナーの哲学を実践する場がもつこのみずみずしい感覚をできる限り、読者の方に伝えたい。そのことだけがわたしのこころを埋め尽くしているのでした。

はじめてやりとげたものの

シュタイナー教育特集は、確か全16ページで、シュタイナーの「シ」の字も知らない幼児教育者とおかあさん向けにつくった入門特集でした。

あの頃、本当にわたしは家に帰る間もなく、あいかわらず終電を逃しては、会社の床に、段ボールを敷いて寝て、まだ暗いうちに起き出して、デスクに向かう、そんな日々でした。

何日続けて会社にいたのか、せめて、お風呂には行きたいと、Sさんという先輩と、表参道の銭湯に行ったのもいい思い出です。お風呂に入った瞬間にわたしたちふたりは笑い出してしまって、しばらく笑いがとまりませんでした。気持ちよすぎて……。

表参道は、おしゃれな人で溢れ返っていて、みんな、とってもたのしそうでした。わたしたちは、あそぶひまもなく日々の業務でヘトヘトだったけれど、でもすごい満足感で胸がいっぱいでした。

シュタイナー特集は、なんとか無事に完成しました。はじめてというほど「やりとげた」という気持ちがありました。全体のページ構成も、それぞれの企画の内容も、記事も、まずまず満足がいくものだったのです。こういう感覚を味わったのははじめてのことでした。

以後、その会社のおもちゃ売り場には、シュタイナー関連のものが置かれるようになり、雑誌でもそののちもたびたびシュタイナー特集が組まれるようになりました。

わたし自身のやりとげた気持ちと、読者の方々の反応は、同期していました。読者はがきを読んでもこれまで担当した特集のなかでいちばん好評だったのです。

入社して2年半の月日が流れていました。

月刊誌というのは忙しくて、できたと思う間もなく、編集会議をして、次の号をつくりはじめます。忘れもしない8月のこと。次の号の取材がスタートしていました。

わたしは、次号の取材のために目黒の庭園美術館に向かっていました。夏だからとても気温が高かったのですが、当時、もう何日もわたしは、下がらない熱でだるくてだるくてしかたがありませんでした。取材先まで行っているのにドタキャンしたことは、それまでに一度もありませんでした。でもその日は、とても取材ができる状態ではありませんでした。当時は携帯電話もありませんから、どこかの公衆電話から電話を入れたのでしょう。

会社と取材先に連絡を入れて、家に帰って、倒れるように寝入りました。熱は、38度5分くらいあったでしょうか。

誰かに促されたのか、病院へ行くことになりました。子宮の様子がおかしいといわれ、3日ほど入院をしました。ところが、検査しても子宮は大丈夫なのに、熱は下がりません。先生も、なぜ熱が下がらないのか、わからないということでした。

実家の母に電話をしたら、微熱が下がらないというところに反応し、「咳と痰は出てない？　ひょっとすると結核かもしれない。一度検査してみたら」といわれました。「結核？　まさか！」と思いながらも、這々の体で実家のある岐阜に戻り、病院で痰をはきだし、結核の検査をしました。

結果は、陽性。

わたしは肺結核にかかっていたのです。

結核患者に

岐阜の実家に帰って、近所のお医者さんで診察を受けました。痰の検査とツベルクリン反応で、あっけなく肺結核だとわかりました。ただし、隔離が必要な結核ではなくて（人にはうつらない肺結核でした）、自宅療養できるということで、そのまま岐阜の実家で療養することになりました。

勤めていた編集部（会社）は、休み扱いにするからまた戻っておいでといってくれました。でも、編集部の状態を思うと、わたしが辞めないでひとり欠員のまま、同じ量の仕事をみんながするかと思うといたたまれませんでした。わたしが辞めることで、次の人が入ってくれたほうが安心、と思いました。

いや、正直、わたしは、病気にでもならない限り、あの職場を離れることができなかったのだと思います。「充分に技術が身についたら辞めよう」「最低3年いよう」が、わたしの中での合言葉でした。

そのとき、入社して、ちょうど2年半。技術もすっかり身についたかといわれたら自信がありません。でも、わたしは潮時だなと思いました。「ああ、これでしばらく休める」

とも思いました。

岐阜に戻って、ただひたすら横になっている、という日々が続きました。結核は、とにかく、極めてだるいんです。熱がずっと続いて、咳と痰が、いつも出ました。だるくてだるくて、少し先まで歩くのもやっとです。「倦怠感」ということばは、結核患者のためにつくられたことばなんじゃないかしらと、しみじみ思いました。

当時、代替医療でよくしようなどとつゆほども思わず、抗生物質を飲みまくりました。そうして、ただ、横になり続けました。

編集部のYさんからは『三年寝たろう』の絵本をもらいました。編集長は、絵本『よあけ』をプレゼントしてくれました。

「わたし、どうするんだろう」。正直、横になりながら、わたしにはこの先のことがよくわかりませんでした。もうすぐ28歳になろうとしていました。

療養をはじめた夏の終わりから数か月は、ほとんど外にも出られなかったのですが、冬になると、少しずつ、ゆっくりゆっくり歩けるようにもなりました。当時、よく、実家の近くをひとり散歩して、草木や空や鳥を観察しました。

「人間がつくりだすものは、みんな自然を模倣しているのだなあ」。そんなことも感じました。

本もたくさん読みました。弱々しいからだで、弱々しく考えました。再就職？ それとも……。

もとの職場に戻る気持ちには、もうなれませんでした。では、どこかの出版社にまた入る？　はっきり答えが出ないまま、岐阜の知り合いに誘われて、名古屋と岐阜で、シュタイナー学校創設の運動に関わるようになりました。

「このまま、岐阜でシュタイナーの学校づくりに携わるのも悪くない」。最後に担当したシュタイナー特集がわたしの中であまりに大きくて、そのまま、アントロポゾフィーの世界に入ることも考えていました。

ところが、だんだんからだが元気になるにつれて、毎日のようにこころに浮かぶのは、東京の景色でした。表参道、下北沢、吉祥寺、新宿、渋谷、銀座、東横線沿線の街……。フラッシュバックするように、東京の街のことが思い出されるのです。繰り返し繰り返し……。わたしは、やっぱり今は東京に戻ったほうがいい、と思いました。からだが戻りたがっているのです。

春、結核の完治を待って、東京に戻ることにしました。会社を辞めてから半年が経っていました。

会社のYさんとは、ファックスをつかって文通を続けていました。おっとりと上品なTさんは、岐阜まであそびに来てくださいました。当時の編集部スタッフさんたちと深くつながりながらも……わたしは、違う道を歩むことにしたのです。

あたらしい年、4月には東京に戻って、わたしはあらたな仕事を探しはじめました。

フリーランスになる

28歳、あたらしいわたしに

わたしはこれまで、仕事に就くとき、正社員にこだわりはありませんでした。

自分に自信がなかったこととも関係があったかもしれませんが、どこか、性格的にもたもた、ぐずぐずしたところがあるというか、「だんだんと」グラデーションで最終的にかたちが決まっていけばいいかな、と仕事を選んできた気がします。

フリーランスになってからもありがたいことに出版社の方々から何度か正社員のお話をいただきましたが全部お断りしてきました。

1度目の就職のときは、絵本屋さんに履歴書を送って、絵本屋さんで働きながら、そのまま就職活動しよう、というような気持ちでいました（そうしたら、その絵本屋に属している編集部から声がかかり、幾度かの面接を経て採用となりました）。

今回2度目の仕事探しのときもそうでした。まず、食べていかなければなりません。わたしは、新聞かなにかで、大手予備校のK塾のチューターの仕事を見つけて、すぐに応募しました。おそらく、勤務形態と、経済的な理由で選んだと思います。

忘れもしない、初夏だったか、淡紫色のギンガムチェックの古着のワンピースを着て、千駄ヶ谷の採用試験の会場に向かいました。わたしは、うっかり遅刻して、少し遅れて会場に入りました。試験は、まず最初に、SPI（適性検査）みたいなものがありました。マークシートで、チェックしていくあれです。

遅刻をしたし、わたしのまわりの人たちのきちんとした服装の様子を見ても、「こりゃ落ちたな……」と思いました。まあ、落ちたら、近所の歯医者さんで受付のバイトしようと思っていました。とにかく気楽にやれて、安定した収入があって、「それ以外」の時間が確保できる仕事が希望でした。そうして、ゆっくりからだを本調子に戻しながら、先のことを考えようと思っていました。

ちょうどその頃、よく会っていた有名なフリージャーナリストのFさんが「服部は、フリーでライターやれると思うよ。フリーになれば」といってくれました。そのことばがなければ、わたしは、「出版社に就職しよう」なんていきまいていたかもしれません。

ひとこと、そういわれるとその気になるタイプ（安いといえば安い。素直といえば素直）。てきとうにバイトしながら、ライターを少しずつやっていこう、とこころに決めはじめていました。

試験を受けてからほどなくして、予備校のK塾から返事が来ました。採用決定でした！

K塾での仕事は、「大学生のチューターをとりまとめるチューター」という役割でしたが、なんだかおもしろそうでした。K塾の駒場校へ、週4日ほど通う日々がはじまりました。

病み上がりの28歳、あたらしいわたし、のはじまりでした。

病み上がりのフリーランス

半年間、田舎でお休みをして、からだもこころも東京の生活に慣れるのに、K塾の週4回程度の仕事は適切でした。高校生はみんな純粋だし、仕事もゆるやかで、規則的で、スタッフさんもおもしろい人が多かった。ある頃から勝手に、高校生向けの新聞をつくらせてもらってたのしんでいました（今思うと、会社もよく許してくれたと思うんですが、B4サイズのわら半紙的な紙に、大学生チューターの合格秘話インタビューとか、駒場校のおしらせとか、好きにコーナーをつくってたのしくやっていました）。

そうしながら、フリーランスのライター&編集者としての仕事もはじめていたのです。

K塾の職員の制服を着たまま、お昼休みにロッカールームや、出先の電信柱の陰で取材のアポ取りの電話をかけていました。

いわゆる「二足のわらじ」をはいて、違う世界の顔をもっているのもおもしろかったです。よく収入の心配をする方がいますが、心配ならば、心配がいらないようなベースの収入をもつことだと思います。「正社員で！」とか「一生働けるところで！」とかそういったこだわりがなかったわたしは（お金へのこだわりもなかったためにとても貧乏でしたけれど）、まあ、なんでもいいから、食べられればいいやって、そのころからいつも思っていたような気がします。

本当にお金がなくなると親に頼ることもありましたが（母は亡くなる数年前まで、わたしから電話があると「またお金の無心かも！」と、どきどきしていたそうです）、でも、こまごまと助けてくれる人がいました。お金を借りるというのではなくて、食事をごちそうしてくれる人がふしぎとあらわれました。

28歳ともなれば、出版社に勤める友人たちには、領収書を自由に切ることができる人もいたり、編集者やライターの先輩たちの知り合いも何人かいました。そうした人たちが、本当に、よく助けてくれていたのです。

28歳ごろには結婚する、という選択肢があらわれたこともありましたが、わたし自身は、まったく興味がありませんでした。年齢的には早く家族をつくりたいなあと漠然と思っていましたが、でも、そのときはまったくそういう気分にはなれませんでした。

今思えば「サラリーマン」も「家庭をもつこと」も……つまりは安定するということに根本的に興味がなかったんだと思います。わたしの優先順位は「わたしらしく働けること」、そしておもしろいかどうかが一番。わくわくしていきいきと働けるかどうかが何より大切だったのです。

K塾で仕事をしはじめて、半年が経ちました。おかげさまで、ロッカールームや電信柱の影で仕事をするのでは追いつかないほど編集やライティングの仕事がやってくるようになって、K塾は、半年間の契約期限で辞めることにしました。

今度こそ、本当に、正真正銘のフリーランス時代がやってきました。

フリーランスのマイルール

いよいよわたしは、定期的な収入のあったK塾でのアルバイトを辞め、フリーのライター、フリーの編集者になったのです。名刺をつくり、印刷して、フリーライター&編集者、いっちょうあがり、といった感じでした。

特にあの頃、「営業」のようなものはしなかったと思いますが、雑誌社は、万年ライター不足のようだったし、90年代後半、2000年代になる頃というのは、まだまだ雑誌ライターのギャラもよく、フリーになった宣言を友人知人にすると、いろいろな仕事をいただくようになりました。

フリーランスになるにあたって、自分にいくつか決めごとをしました。

1、3年経っても、食べていけないようだったら、郷里（岐阜）に帰る
2、基本的には何でもやる
3、できれば、おしゃれな仕事、デザインがよいものの仕事をする

1については、3年経っても芽がでないようならば、つまり、3年経っても、まだ、K塾でのアルバイトのようなライターや編集者の仕事を補う仕事をしていないといられないようであれば、才能はないと見て潔くあきらめよう、と最初から思っていました。

2については、仕事は選ばず、どんな仕事でも、修業だと思って、何でもやろうと決めていました。ただし、もし自分で選べるのならば、3を選ぼうと、はっきりと自分の方針としてもっていました。

これにはわけがありました。

それまで、自然派の育児雑誌で編集の仕事をして、自然派やオーガニックのものとい

うのは、本当に内容がすばらしいのに、当時はまだまだデザインにあまり力の入っていないものが多く、そのよさが伝わりづらい、とよく思っていました。自然派のよいものと、おしゃれで良質なデザインが合体したなら、どんなにいいだろう！と思っていたのです。

当時は、まだまだどこか野暮ったかった、オーガニックのもののデザインをよくするために、自分は、「おしゃれ側」の勉強もしなくてはならない、と常々思っていたのです。

今思えば、当時「おしゃれ」だと自分が感じていた世界は、いかに商品を魅力的に見せていかに消費者に売るか、というようなことだったのかな、とは思いますが、でも、そこには、現代人に訴えかけるエンターテイメントのパワーがありました。

当時、わたしが感じるに、オーガニックの世界には、エンターテイメント的な要素はほとんどありませんでした。アート的な感性も……。よくも悪くも実直。今ではそういう態度のほうがむしろ新鮮でかっこいい、なんて思ってしまいますが、一般的な消費社会に慣れている人からすると、「ダサい」で終ってしまって、その内容にたどり着かない、そんなもったいなさをあちこちでよく感じていました。

わたしが伝えたい内容を伝えるには、伝えたい相手が「おしゃれ」に慣れ過ぎている。そのために「おしゃれ言語」をもとう、ということです。自分だっておしゃれ好きなわけだから、よくミイラとりがミイラにならなかったなと思いますが、でも、そうした意図がわたしのおなかの底にはいつもありました。

この頃はまだ、「将来、自分で雑誌をつくろう」といった思いが強くあったわけではありません。わたしの目標はまず3年。31歳になる頃に、ライターと編集者だけで食べていけていたらオッケー。そんな気持ちでいました。

だいたい、どんな内容だとしてもライターや編集の仕事がとにかく好きだったし、墓石の取材だろうが、サッカーボールに関するライティングだろうが、なんだってできる。そんな気持ちひとつでいました。

フリーになりたての頃にした仕事は忘れもしない、中学生の頃から読んでいた『オリーブ』や『オリーブ』の別冊の仕事です。

平凡出版の香り

『オリーブ』は、「オリーブ少女」だった人にとってそうであるように、わたしにとっても、本当に本当に、特別な雑誌でした。中学2年生から読みはじめ（最初に手にとった号の表紙のことも思い出せます！）、高校卒業とともにいったんは「卒業」したものの、また20歳代になって読みはじめ（すべて捨てた『オリーブ』を古本屋さんで買い直しました）、20歳代後半になっても読み続けていました。

学生の頃、『オリーブ』の編集部に、亡き母が縁をつくってくれて、あそびにいったこともありました（当時、男性の編集者がていねいに、編集部を見せてくれて、いろいろな話をしてくれました）。だめもとで、マガジンハウスの入社試験を受けてもよさそうでしたが、とてもとても、当時の自分には自信もエネルギーもなく、受ける気にもまったくならずに、『オリーブ』は、遠くに輝く星でした。

と！　そんなわたしに、ひょんなことから『オリーブ』の仕事がやってきたのです。最初は、K塾で働いていたときにきたムックの仕事でした。『オリーブ』の冠をつけたムック本です。はじめてする他社での編集の仕事は……育児雑誌での経験とまったく違うものでした。

ライター、カメラマン、編集者、デザイナー、どれをとっても、「お金がたっぷりある！」という感じ。わたしが在籍していた育児雑誌はとにかく当時は低予算でつくっていましたから、まずはその「余裕」っぷりに、どきどきしました。

当時、ムックの編集部には、Tさんという『平凡パンチ』の元編集長だった方や、Aさんという男性の編集者の方がいて、机に足をあげて電話をして、電話の相手にどなりちらしたりして、これまたどこか昭和、どこか「平凡出版」の香りがまだむんむんとしていました。マガジンハウスには、武勇伝をもった（取材先で象を買っただの、退社するときにはお神輿にのっただの、という）編集者の話をよく耳にしましたが、当時も個性的な人がたくさんいました。Tさんもそのひとりでした。

Tさんは、どこか、もう、捨て鉢な感じで仕事をしているようで（わたしにはそう見えました）、でも、「ザ・編集者」みたいな人でとにかく魅力的で、とてもかわいがってもらいました。しわがれ声で、しょっちゅうたばこを吸っていてとにかく頭の回転が速くてスノッブで口が悪くて、いかにも「平凡出版」、な方でした。

Tさんは、自分の新人時代の話をよくしてくれました。『平凡パンチ』の新人時代に、石川次郎さんら、すごい面子だった編集部員を前にして、Tさんは、出社すると、原稿用紙を机にばん！と置き、いきなりさらさらさらさら、と原稿を一気にアップして、そうして編集長に見せ、周囲の人たちから「おまえ、天才」といわれた話などをおもしろおかしくしてくれました。新人だとなめられないために、前日までに家で原稿を完璧にしあげておいて、会社ではいきなり書いたということにしていた、という話です。

わたしにとってTさんは、育児雑誌を卒業してから、最初の他社の「上司」「先輩」でした。Tさんは、メールも上手かったし（いまだにあんなにメールが上手い人を知らないです）、企画書を書くと自宅でもファックスを受け取ってくれていろいろアドバイスをくれたり、本当に熱心に、編集のことやライティングのことを教えてくれました。

生きていること全部が冗談で成り立っていて、同時にどこかちょっともの哀しいような、でもその哀しい風もわざとなの？みたいな、ひょうひょうとしたキャラクターのもち主でした。本当に当時わたしはびっくりするほど貧乏で、お金がないという話をすると、ポケットマネーでけっこうな額のお金を貸してくれたこともありました（ギャラが入金された日に、すぐに返しましたが――。編集者からギャラの前借りをしたなどそのときが最初で最後です）。

Tさんは、現状の出版界を（会社も含めて）憂いていました。おもしろメールのところどころにはこんなことがよく書いてありました。

「服部、出版界に風穴を開けろ」

Tさん……。

風穴って……。

当時は、「何いってんの!?　大げさじゃない!?」という気持ちでした。でも、今思えば、あのことばが、本当に、わたしの潜在意識に入り、頃合いを見計ってわたしを刺激し、本気にさせたと思います。

風穴が開いたかどうかはともかく、それから約10年後に、『マーマーマガジン』を立ち上げることになるのです。

服部、風穴を……。

あとにも先にもまだまだ駆け出しのライターにあんなことばを本気でかけてくれる先輩はTさんしかいませんでした。

いよいよ『オリーブ』編集部

今思えば、駆け出しの貧乏ライターのわたしが出版界に風穴を開けるとか開けないとかそんなメールをもらっていたなんてどこか笑っちゃうような話です。大きすぎる話！

でも、こころの奥底ではどこか本気で、虎視眈々と、いつか、本当に自分が納得のいくおもしろい出版物をつくりたいとは思っていたとは思います。当時は目の前のことに必死すぎて、そんな思いも、浮かんでは消え、していたとは思いますが……。

さて、『オリーブ』の冠をつけたムックから、いよいよ本誌のほうの『オリーブ』のお仕事の話をいただきました。紹介してくれた人には、編集部に来るときには、服装に気をつけるようにといわれました。あたりまえのことですが、ファッション誌をつくる現場で何を着るかは、とても大切でした。

編集者は、所属する雑誌で、もう、まるで七変化のように、服装を変えていきます。わたしがお世話になったAさんなんて、『オリーブ』にいるときには、金髪×ラフな古着のTシャツだったのに、『クロワッサン』に異動した瞬間から、黒髪×しっとりとしたロングスカート……。どちらもすごく似合ってて、みごとな変幻自在ぶりに「やー、編集者ってすごいなー」としみじみ感心したものです。

当時のわたしは、ファッションは好きでしたが、とにかく、悲しくなるくらい貧乏で、ファッションどころではありませんでした。古着で買える服でなんとかたのしむのが精一杯。『オリーブ』的とか『オリーブ』的じゃないとか、そんな余裕もありませんでした。『オリーブ』に入った後輩が忘れもしない、デニムに、手染めのピンク色のスカートみたいなのを重ねばきした、超野暮ったいわたしの姿をじっとみて「服装にはくれぐれも気をつけてください」といったのです。しみじみ恥ずかしかったけれど、でも、できる限りのことをしようと思いました。

『オリーブ』の編集長と編集者に挨拶をして、いよいよ記事を書くことになり、打ち合わせがはじまりました。『オリーブ』的にはこれだろうと考えて、とても気に入っていた40年代につくられたとても希少なワンピースを着ていきました。今だったらあんな古めかしいワンピース、絶対に着ていかないけれど、手もちの洋服の中でこれなら許されるだろうと思える服はそれしかなかったのです。

「春の代官山」特集号に呼ばれたライターさんたちと一緒に打ち合わせがはじまりました。とにかく緊張して、かちんこちんだったと思いますが、『オリーブ』で書ける！ということで、もう、ただただ誇らしい気持ちでした。

わたしは、はじめての仕事、ということで、まず2ページ分、5軒のお店が担当になりました。ああ、1ページだろうが、2ページだろうが、『オリーブ』！　いちばん好きな雑誌、いちばん影響を受けた雑誌で書けるのです！　うれしくてうれしくてしかたがありませんでした。

出版界に風穴とかなんとかは、とりあえず脇に置いて、晴れやかでワクワクする日々のはじまりでした。

おもしろくないわけがない

『オリーブ』の代官山特集の取材がはじまりました。たった2ページ、5軒のお店取材からのスタートです。育児雑誌のときは、編集者である自分が原稿を書き、場合によっては、写真も撮影し、アポ取りから、校正、校了と、なにからなにまで行っていたのですが、当時、マガジンハウスでは、ほうっとため息がでるくらいあらゆることがシステマティックに分業化されていました。

ライターは、アポ取りもすべて済んだ状態で、身ひとつで行って、取材をします。数日後レイアウトが、じゃーっとファックスで流れてきて、その文字数ぴったりに、原稿を書いて、編集者に渡す。編集者と、校閲、取材先の方々から赤字が入る。その赤字を入れていきながら、場合によっては書き直しなどを命じられ、やり直して、編集者に渡すという感じ。

取材がどんなふうに進んだかは覚えていないけれど、自分なりにやれることをやろうと思ってやった、と思います。お店の取材なんて、ぜんぜん慣れていなかったけれど、編集者の人にどうやってやるんですか？とか何聞けばいいですか？なんて、質問しなかったと思うし、とにかく見よう見真似で、あらゆることを聞いたと思います。

よく覚えているのは、あたりまえのことですが、『オリーブ』の文体で書く、ということを本当に意識したということでした。それまでも『オリーブ』をさんざん読んでいたから、『オリーブ』的な表現には慣れていたつもりだったけれど、いざ、自分で書くとなると、過去の『オリーブ』を読み直してしっかり研究する必要がありました。

編集者の方からたっぷり赤字が入りましたが、なんとか2ページの入稿も終わって、雑誌が出たときは、本当にうれしかった！

代官山特集の、本当に巻頭の2ページです。当時は穴の開くほど、何度も自分の記事を読み直しました。雑誌になってみると「こう書けばよかった」「ああ書けばよかった」と反省ばかり。顔が赤くなることばかりでした。

そうそう、思い出すことといえば、取材の初日、たった数百円の往復の電車賃もなくて、東横線で、6駅くらいぶん、代官山まで自転車で行ったことです。マガジンハウスの担当者に、お金がないというのが恥ずかしくて恥ずかしくて、代官山の鎗ヶ崎の交差点の電信柱の脇に（今でもどの電信柱か覚えてます）ぼろっぼろの無印良品の自転車を置いて、そしらぬふりで登場した覚えがあります（今だったら、自転車で行ったって、自然でふつうの登場、となりそうですけれども）。

マガジンハウスや『オリーブ』のお金がたっぷりある感じ、ナチュラルに華やかな感じと自分の貧乏っぷりが対照的でした。それでもみじめにもならなければ、悲しい気分にちっともならなかった。前だけを向いていたのかもしれません。

ライターは、声をかけられて仕事がスタートします。まったく安定はしていません。声をかけられなかったら次はありません。何の保証もありませんでした。でも、わたしは、一回一回が勝負、という感じが好きでした。社員になってルーティーンになってしまうとどこか気が抜けてしまったり、情熱を燃やせなくなってしまうような仕事も、フリーランスだと、一回一回が大事な試合のようで、緊張感があり、ハンターのようでもありました。それがわたしの性に合っていました。

フリーランスになるにあたってこんなことに気をつけはじめました。

- 取材や打ち合せの時間に遅れない
- 編集者やカメラマンたちと気分よく仕事をする
- 編集者を助ける

- 取材先の人にもかわいがられる
- 取材先のことを大切に思う
- 出版社や編集部の尊厳を損なわないようにふるまう
- 誠心誠意、いい記事、おもしろい原稿を書く
- 出版社や編集者の意向を汲み取りながら、さりげなく自分らしさを出す
- 〆切を守る
- 注文を受ける側でありながら（謙虚な姿勢を示しながら）堂々としている
- すぐに「反応」する（メールや電話のレスポンスはすぐにする）
- 見識を高める、いつもアンテナを張っている
- 常に企画を考えている
- 自分のコンディションを整える
- 柔軟な自分でいる

あたり前なことばかりですが、フリーランスとして生きていくために必要となって実行しようとしていたことは、わたし自身の、からだも、こころも、精神も、意識も、そして、人間性をも高めることでした。おもしろくないわけがなかったのです。

マガジンハウスの香り

『オリーブ』では、そののちに、何度かライターとして呼ばれました。編集部で、ゲラに赤字を入れていると隣に、スタイリストの岡尾美代子さんが座られて、こころの中で「！！！！！！！！！！」となって真っ赤な顔になっていたのもいい思い出です（のちに、一緒にお仕事をさせてもらうようになるなんてそのときには、文字通り、夢にも思っていませんでした。これまたあのときの自分に耳打ちしてあげたいくらいです）。

最後の仕事は、『オリーブ』最終号（復刊する前の最終号）の「おしゃれグランプリ」の審査の様子を書く、というもので、ずっと憧れだった『オリーブ』に後ろ姿が載ったのも、ささやかなギフトでした（「わたしだってオリーブモデル」にずっと出たいと思っていた気持ちがちょっぴり満たされたという今となってはかわいい話です）。

いずれにしても、『オリーブ』での記憶は、自分がかちんこちんに緊張していたこと、いつまでたっても、マガジンハウスの社屋に慣れなかったこと（居場所がなさすぎて、いつも、向かいの「ドトール」にいました）、思い出すのはそんなことばかりです。それでも、編集者の方々に知り合いがひとり、ふたり、とできて、『オリーブ』編集部が解散したのちにちらばった編集者の方々からも少しずつお仕事をいただくようになっていきました。

『クロワッサン』（母が読者でよく読んでいました）、『ダカーポ』（めちゃめちゃ好きな雑誌で、のちに、元編集長だったEさんともラン友になりましたが、この雑誌ではまったくうまくいかなかった記憶しかありません）、『Ｈａｎａｋｏ ＷＥＳＴ』では人気の俳優さんやアイドルの方々にインタビューしたりもしました。

中でももっとも仕事をするようになるのは『ＧＩＮＺＡ』というファッション誌でした。知的で上品で、でも、リラックスしていて、都会的で、そういうムードすべてに、わくわくしていました。

『ＧＩＮＺＡ』では、ニューオープンのお店のライターを何年もさせていただいていましたが、取材に行くと、「編集者もカメラマンもライターもみんな上品だねー」とお店の人に褒められることもありました。

わたしが関わった限りでは、スタッフで、遅刻する人なんてひとりもいなかったです。とにかく、編集部の「ムード」にみんなが巻き込まれて、なんともいえないゆるくて上品な感じ、を、毛穴という毛穴から放出していました（そのように見えました）。わたしも、その空気を吸ううちに、からだの一部に、〝マガジンハウス臭〟をきっと身につけたように思います。

ところが……一部、と書いたように、わたし自身は、あいかわらずどっぷり、「骨の髄までマガジンハウス」にはなれない自分もいたんです。

わたしが仕事をしていた頃『GINZA』にいて、海外へ行ってしまった女性編集者と、マガジンハウスの近くのオムライスで有名な「喫茶YOU」に連れ立って行っては、「うちらみたいなサブカル好きは、こんなコンサバな時代には、潜伏していよう。おそらく、あと3年くらいで、このコンサバな時代は終わると思う」とちいさな声で熱く語り合っていました。サブカルの香りは、わたしも、マガジンハウスでは注意深く封印していました。

本当のわたしを見せるのは、ごくごく一部の編集者にだけ。当時、わたしの本当の顔、なんて、誰からも必要とされてもいないのでした。わたしは、マガジンハウスの雑誌のライター、という仮面をかぶって、それでも、仮面の下では、静かに、「この場合は、こうするのか」などと、あらゆるケースとその対応をこころの中でメモっていました。

なにより、マガジンハウス臭を、自分の一部として身につけることは、のちの自分にとって必ず役に立つ時が来るであろうことを感じていました。

緊張しっぱなしだったけれど、土の下に植えられた種のごとく、マガジンハウスという土壌で、たっぷりとその養分をたくわえていた時期でした。

「夢」が連れて行く場所

もちろん、当時のわたしは、マガジンハウスが大好きでした。ライターの仕事をさせてもらいながらも、どこか憧れの世界、夢の世界だったのです。自分の「夢」や「目標」って思わぬところ＝必然の場所に、自分を連れて行く、とよく思います。

憧れをもったり、好きということが完全に、その時の自分が想像しているようにならなくとも、そこは実は、山登りの「何合目」かであって、想像を超える場に本当の「頂上」はある。そんなふうに思います。

マガジンハウスでは、取材のときの姿勢、取材相手との距離感、何より、ライティングにおいての、文章の上手さ、巧みさ、みたいなものをとことん学んだように思います。決められた文字数（16字×10行とか）で、みっちり、情報を漏れなく入れて書く。読んだら、スムーズに気持ちよく読み終えられる文章を書く。同時にぐいぐい引き込ませていく。キャッチーな小見出しをつける。キャプションの数文字すら無駄にしない。とにかく、与えられた文字数を大切に、丹念に、ぎゅうぎゅう詰めに、クールに、時にチャーミングに、キュートに、そしてスピーディーに書く。そんな腕力をつけていかざるをえませんでした（そうしないと、編集者にオッケーをもらえなかったのです）。

とはいえライティングについてなど誰からも教えてもらえなかったから、ひたすら、マガジンハウスの雑誌を参考にしました。当時、ライティング上、ものすごく参考になったのは、『GINZA』と『Hanako』でした。特別に上手な文章が多かった気がします。

特に『GINZA』には……めちゃめちゃ上手い！と思っているライターさんがひそかにいました。署名記事ではないページもたくさんあったため、その人が書いているであろうページを何度も何度も読んで、わたしもいつか、うなるほど上手い文章を書けるようになろうと、毎月の執筆に情熱を傾けていました。

時代が前後しますが、『GINZA』のお仕事がきたのは、『オリーブ』のリニューアル号にたずさわるはずだった、担当のKさんが、『GINZA』に異動になり、それに伴って、Kさんが、わたしを呼んでくださったことでした。

『GINZA』で書ける！　あのときは、正直『オリーブ』で書けるよりもうれしかったかもしれません。あんなに読んでいて大好きだった『オリーブ』でしたが、『GINZA』のほうが、気分がアガりました。わたしの好きなマガジンハウスの本のたましいが、あの頃の『GINZA』に集約していたからかなと思います。

当時、『GINZA』の編集長は、淀川美代子さんでした。

あとになって気づいたことですが、『オリーブ』がどうの、マガジンハウスがどうの、というよりなにより、わたしには、もう、骨の髄まで、淀川さんの感覚が沁み入っていて、正真正銘「淀川美代子さんがつくるワールドの申し子」だったのです。

当時、わたしは、29〜30歳になるくらい。まだまだ「旅」の途中、でした。

「かわいい」の世界で

わたしが、『GINZA』に呼んでいただいたときには、他社での仕事も含めあちこちの編集部で記事をかかせていただいて、ライターとしても少しは自信がついてきた頃でした。ところが『オリーブ』でもそんなにはたくさん仕事ができなかったし、いよいよファッションの仕事をする！となっても、本当に右も左もわからないまま、仕事がはじまってしまいました。S／S（春夏）、A／W（秋冬）の意味もよく知らないまま（！）いきなりファッション誌のライターになったのです。

よくわたしの担当をしてくださったある担当者さんは、「服部さんは、きっと淀川さんと気が合うと思うよ〜」と気楽によくいってくださいましたが、とてもとても、編集部で淀川さんの姿を見るだけで、もう、胸がどきどきして、気持ちがただただ落ち着かないのでした。

もちろん、当時、編集長である淀川さんとことばを交わすなどということもわたしの場合はありませんでした。尊敬しすぎていて、話をするという気分にすらなれませんでした。自分にとっての太陽って本当にまぶしすぎて近づけないんです。少なくとも当時のわたしにはそうでした。でも離れていても充分陽の光が自分に届いて、その恩恵にあずかることができたのです。それで充分、という気持ちでした。

淀川さんがつくるページは、とにかく「いきいき」してました。この感じをうまくいうのはむずかしいのですが、自分が好きと思うものへの深い信頼、そして読者の人もいいと思うよね！という信頼感がたっぷりとあって、そのフレッシュな気持ちが、ページから溢れ出ているかのようなのです。

キャプションをぎりぎりまで大事にして具体的な情報をしっかり入れるというのも、淀川さんが発明したことだと何かで読んだことがあります。そうそう、最近でも何かで、淀川さんが新人の頃、原稿を赤えんぴつで書いていて、先輩に怒られたけれど、赤えんぴつの字がかわいくて変えなかった、みたいなエピソードを読んで、「そうそう、そういうこと！」と感動したこともあります。

つまりは、ガーリーということなんだと思います。もはや、ガーリーも死語かもしれないけれど、かわいいと思うものへの好きという気持ちを誌面で表現するのが天才的にうまい方というのが、淀川さんの印象です。

しかも、クールだし、スノッブだし、でも、すごくやさしい！　何もかもが好きでしたし尊敬していました。

撮影現場では、スタイリストやカメラマン、編集者が、あれこれ撮影をしては、「うーん」となり、「淀川さんのかわいくない、という声が聞こえる！」といっては、撮影方法を変更していました。

どの編集者の耳にも淀川さんの「かわいい」と「かわいくない」がうち響いているようでした。

〆切前は知恵熱が

本格的にファッション誌でライターをするのがはじめてということもあったけれど、やはり、『GINZA』で書くという緊張感があったし、自分としてもベストを尽くしたいという思いから、毎月の〆切は、思いっきり苦行でした。

ちいさな出版社だったら編集長や副編集長くらいの実力はゆうにあるような編集者た

ちが何人も集まって、心血そそいでつくっているページで、わたしは、毎月だいたい20～30ページくらい、書かせてもらっていました。ぎゅうぎゅうに文字が入ったページから、1ページにつきほんのちいさなキャプションを入れるようなページまで――。

当時、取材では、あたらしいお店をどんどん見ることができて、勢いのあるハイブランドの最新のスタイル、スタイリストさんのユニークなスタイリングを見るのも心底楽しくて、毎月、お仕事させていただくのは、ドキドキすることの連続でした。ギャランティも申し分ないほどよかったです。

正直、あのファッション撮影の独特の雰囲気とか、「ザ・物質！」の世界特有の、ムードには、最後まで慣れなかったのですが、毎月のように、何十万円もする服を、これでもかと見て、ひとつひとつ、プレスから資料をもらったり取材をして、一枚一枚の服や、スタイリングについて書き続けたことは、ライターを続ける上で、何にも代え難い経験になりました。

ただ、とにもかくにも、書くのが苦しかった。

〆切が近づくと、知恵熱みたいなものが出るのもしょっちゅうでした。決められた時間内で書くというプレッシャー、それなりの執筆の分量、できる限りうまく書きたいという気持ち、自分の実際の実力との狭間で、苦しくて苦しくてしかたがなかったです。

編集者やスタイリストの方、プレスの方々にも、あたりまえのことですがもちろん苦しいとはいえず、ひとりでただただ耐え、毎月、撮影後しばらくすると送られてくるレイアウト用紙（そこには、デザイナーによって完成した写真と、文字数がレイアウトされていて、ライターはその指定の文字数に合わせてライティングをします）を眺めては、うれしいような、でもやっぱりつらいような、たのしいような、でもまったくたのしくないような、とにかく自分でも、よくわからない苦しさの中で毎月毎月もがいていました。

だって！　ぜんぜんうまく書けないのです！　自分の書いたものが、ぜんぜんいいと思えない――。

ファッションの世界を知らなすぎたということもありますが、語彙力のなさ、表現力のなさ、スピード感のなさ、自分で自分のライティング力のなさに、書きはじめてはほとほといやになることばかりでした。提出しても、編集者からは、赤字がびっしり。そりゃそうです。へたなんだもの!!

今思うと、よく雇い続けてくださったなと思うのだけれど（編集の方々も、根気があったと思います）、へたなことを自分でわかりながら続けるのって、本当につらいことなんです。自分は「ライターには向かない」とつくづく思っていました。自分は、編集者向きだって。でも、なぜ、ライターを続けていたか？

ひとつは、お金のためです。当時、フリーランスの編集者もしていましたが、その収入だけでは、到底食べてはいけませんでした。もうひとつの理由は、ファッションの世界の感覚をすっかり自分のものにしたいという気持ちがあったから――。

あいかわらずオーガニックの世界には、「デザイン」がなく、ファッションの世界には、自然や人への良心や配慮が足りない。いつもそう感じていました。

お互いがお互いの知恵を交換できたら、きっとそれぞれがもっと豊かになる、という確信はどんなときでももち続けていました。でも、わたしが知る限り、当時、オーガニックだけれどかっこいいとか、かっこいいけれどオーガニックだとか、そういったものは、どこを探しても見当たりませんでした。

時は、2000年代になろうとする頃。まだまだ90年代の、なんともいえない、ごちゃごちゃした感じが――コンサバなんだか、何がなんだかわからないどこかハイテンションな感じが、表参道にも、代官山にも、白金台にも、銀座にも、東京の街のあちこちに蔓延していました。わたしにはまったく出る幕がなかった時代でした。正直、孤独でした。

オーガニックの世界にも通じる人がいなかったし、ファッションの世界とも仲良くなれず、ひとりぼっちだったのです。

それでもわたしは、くじけることはありませんでした。

『GINZA』という雑誌で、できる限り、いきいきとしたいい記事が書けるように、ただただそれだけを願って、毎月の〆切を、ボルダリングする男子みたいな気持ちで、よじ登っては、なんとか切り抜けていました。

今思うと、本当に恥ずかしいのですが、〆切に遅れることも多かったです。大幅に遅れるということはさすがになかったけれど（そんなことをしたら、すぐに仕事がなくなってしまいます）、数時間遅れるとか、翌朝になってしまうとか……。編集の方は、夜中の12時でも1時でも、原稿を待っていてくださるのですが、それに間に合わないということもありました（今自分が編集長になって思うのですけれど、本当に仕事ができる人は、内容の質が高く、同時に〆切に遅れません。駆け出しの頃は特に、何が何でも〆切は守ったほうがいいと思います。自分にはできなかったことですけれど）。

もう30歳前後になろうとするのに、〆切を守り抜く精神力もマネジメント能力も、ライターの能力も何もかも欠けた状態でした。そして、そんな、ヨロヨロのわたしが、いつまでも、このライター稼業をしていくわけにはいかないことも直感していました。

ファッションの世界――それはある意味、広告の世界といってもいいと思うのですが、このコマーシャルの世界で生き続けられるほど、自分はタフではなかったんです。

そこでわたしは、あるとき、ひとつの目標を決めました。ライターとしての目標です。「自分が書いた記事で、編集者に赤字をひとつも入れられなくなったら、雑誌のライターの仕事を卒業しよう」。誰にもいわず、自分の中で決めたルールでした。

そうして、本当に、その時はきました。『GINZA』のライターをはじめて、約5

年だか6年の月日が経った頃のことです。それは忘れもしない、ソニア・パークさんがスタイリングをするデニムのページを担当したときのことでした。

自分に判子を押す

雑誌のライターをしていた頃は、自分に力をつけたい一心でした。底なしにない自信をつけるには、ただ、わたしは書くしかなかった。毎号毎号、ただひたすらに依頼されたページの取材と執筆をしていくほかありませんでした。

一方で、依頼をされてする仕事には限界もあります。当時、雑誌のライティングのギャラは、とてもよいものでした。でも、雑誌をいくつかかけもちして、単行本の編集を数冊抱えて、ひと月に1冊ほど校了しても……（まあ、わたしが担当していた単行本の編集の単価が安かったといえばそれまでなのですが）どんなにがむしゃらにがんばってもひと月の収入が100万は絶対にいかないことがわかってきました。

「そんなに稼がなくてもいいんじゃない⁉」という声もあるかもしれません。でも、お給料のいい会社で、ボーナスを数か月ぶんもらっているような企業勤めの方のお給料を想定すると、月100万はわたしの当時の目標額でした。

ちなみに、なぜ100万だったかというと、当時何かで、ある女性の作家さんが、若い頃出版社に入ったときに「お給料はいくらほしい?」と聞かれて「100万円」と答えた、というエピソードを読んだからだと思います。その作家さんが、編集者になったときは、まだ昭和30年代とか40年代だったと思いますけれど、当時、堂々と100万円といったその女性をかっこいいなあ、と思っていました。

一方、わたしはといえば、そんなことをいってどこかの会社に入社するような気力もなく、そうなったら、あちこちで働きまくって100万をめざしてみよう。そう思ったのだと思います。

ところが、ぜんぜん到達しそうにありません。「どうやら不労所得というものがないと、100万超えはしないんだな」。「不労所得」ということばを意識するようになったのもこの頃でした。

当時、わたしは、目黒にある古いマンションに引っ越し、毎月13万の家賃を払っていました。富士山の見える、とてもすてきなマンションでした(あとから知ったことですが、そこは、ある歌手が住んで大ヒットを出したことから出世マンションとして知られていて、アイドルとか映画監督とか、またこれから活躍したい人が選んで住んでいたと聞きました)。

13万は、引っ越した当時、どう考えても、背伸びしすぎでした。

その前の家賃は、おそらく7、8万程度だったと思います。そこから一気に4〜5万も増えたのです。

家賃の3倍稼げればいいと考えて、39万が現実的にクリアする必要のある目標額でした。なんとかクリアしていましたし、多い月は、もっと稼ぐことができる月もあったけれど、とにかくあるところで頭うちでした。

わたしは、お金を稼ぎたくてどうしようもないというよりは、自分への挑戦をしているという感じでした。

そうして、ソニア・パークさんの6ページほどの特集のライターをさせていただいたとき、とうとう赤字がひとつも入らなかったのです。

めずらしく、担当編集者から文章も褒めていただきました。「ああ、いよいよこれで卒業できる」と、ひそかに、でも、胸が熱くいっぱいになったあの瞬間をわたしは一生忘れないと思います。

自分で自分に「よくできたね」という判子をようやく押した瞬間でした。

サブカル本の編集

『GINZA』のライターをしているときは、『マーマーマガジン』でのちに実現することになる世界──「目に見える世界と見えない世界を結びつけたもの」をつくろう！という気持ちを常に常にもっていたわけではありません。

でも、「いつか、自分なりに雑誌をつくりたい」「ファッションの世界にはオーガニックを、オーガニックの世界には良質なデザインを」という思いがあいかわらずこころの深い部分にある「部屋」ではそうっと鎮座ましましていました。

そんな思いは、ファッション誌のライターとは別のところでも働いていました。それは、本の編集の仕事です。

育児雑誌の編集者だったときは、単行本の経験はありませんでした。フリーランスになってから単行本づくりに関わるようになり、こちらも一から、ある意味独学で覚えていきました。ライターの仕事は、先に書いた『GINZA』以外の仕事などでは、収入のためと割りきって書いたものもまだたくさんありました。でも単行本の仕事は……これは心底、自分の好きな分野しかやらない！と決めていたんです。

こう、マニアックな、サブカル的なことであるとか、個人的にとても好きな分野の本の編集に、意識的に関わるようにしていました。同時にすべて、デザインに力を入れているインディペンデント系の出版の仕事をするようにしていたんです。

それはやはりオーガニックの世界をすてきなデザインで紹介したい、という思いからでした。

ギャラは安かったし、納期もめちゃめちゃだし、非合理的なことばかりだったけれど、何もかもが楽しかった！　そんな中、印象的だった仕事がいくつかあります。

特におもしろかったのは、しまおまほちゃんの『オリーブ』での連載を一冊にする、『ひとりオリーブ調査隊』の仕事でした。某出版社の社長さんから「やらない？」といわれてふたつ返事で「やります！」といいました。胸が高鳴りました！　『オリーブ』のファンだったことはもちろん、しまおまほちゃんの「調査隊」の本気のファンだったからです。

まほちゃんの本

わたしが担当させていただくことになったのは、しまおまほちゃんが『オリーブ』で連載していたものを一冊にまとめる、というものでした。まほちゃんと最初に会ったのは、いつどこでだったか、よく覚えていないのですが……、あっという間に、なんやかんやでお互いの家を行き来するようになっていた気がします。

撮影などでまほちゃんのお宅にもうかがったし、まほちゃんが原稿を書くときには、いつのまにか、わたしのひとり暮らしの家に来るようにもなりました。

わたしの部屋は、ワンルームにキッチンがついているだけで、わたしの仕事机はなんとキッチンにありました。まほちゃんもキッチンにあるテーブルで原稿を書くこともあったし、ベッドのある部屋のほうの小さな机で原稿を書いていたこともありました。時に、夕方ふらりと家に来て、そのままテレビを見て、わたしのつくる簡単な夕ごはん（ナポリタンとか）を食べて、原稿は書かずにそのまま解散なんてこともありました。

そういうとき、まほちゃんは、「すみません」とか、そういう感じでもなく、ただ家に来て、テレビ見て、夕ごはん食べて、帰ります、という感じだった気がします。内心、原稿書けなくてごめん、みたいな気持ちがあったのかもしれないけれど……でも、外見上は、そういう感じじゃなかった。

それが、まあ、おかしくもあったたし、担当編集者としては、目の前で原稿を書いてくれるかどうかはともかく、とにかく家まで足を運んでくれることがありがたかったし、なにより、まほちゃんと家でだらだらして、一緒にテレビを見て、タレントさんのことを話したり、なんでもないことを話したりするのは本当におもしろいことでした。

まほちゃんのお父上（島尾伸三さん）もそうなのですが、文章が……本当にうまいんです。そして直しが少ない。わたしの担当した本は本当にそうでした。伸三さんの原稿も〆切より早くあがってきて、修正なし。まほちゃんは、時にゆっくりだけれど、一度書いてしまうと、あまり大きな修正などなかったように思います。

当時『GINZA』の執筆でうんうんうなっている自分としては、「やー、さすが作家さんだなー」とゲラを見て、よく感心したものです。物書きの人たちと対面しているのは、原稿一本読むことひとつとってもとにかく、魅力的なことばかりでした。

今思えば、書き下ろし原稿がそんなにたくさんあったわけじゃないにもかかわらず、この本は時間がかかりました！　制作中、少しブランクもあったりして……。もう書いていいと思いますが、あるとき、突然、まほちゃんと連絡が取れなくなってしまったこともありました。担当編集者たちの間で連絡を取りあって、でも「見つからない！」となって、数週間だか、1か月だか経った頃、やっと連絡が取れたときに心底ほっとしたことも、今となってはいい思い出です。

数か月ぶりだったか、下北沢の喫茶店でようやく会うことができて、何か、そのときに、わたし自身のこともあけすけに何もかもお話ししたような気がします。こうやって、作家さんと編集者さんは時に姉妹のように、時に親子のように、恋人のように、いろいろな関係性のある部分を織り交ぜながら、密に関係ができていくのだと思います。わたしは、最終的には、編集者としては未成熟で、本をつくったあとも、まほちゃんが、台湾行こうとか、理髪店にひげ剃りに行こうとか、おもしろいお誘いをしてくれましたが、目の前の〆切に追われてしまって（生活にも追われてました）、数々のチャンスを逃してきた気がします。

つくづく編集者という仕事は、とてつもない総合力がいる仕事だと思います。当時のわたしには、どこか、書籍の編集者としての体力みたいなものが、充分に備わっていなかったし、今もまだ足りていないと感じます。

書籍の編集者というのは体力がいる、と思うんです。特に担当として作家さんを抱える場合――。雑誌とは違う筋力。すごく長いスパンで、作家と対峙する、大らかな、大河のような性質みたいなものが必要なように思います。超大らかなお母さんとかお父さんのような資質が――。

それにひきかえ、当時のわたしは、たとえるなら小川がちょろちょろとながれているほどの水量しかなく、小川というか、水の少ない用水レベル……。作家さんをしっかり船にのせて、読者の方々まで届けるパワーがそもそも不足していました。

まほちゃんの本のことを思い出すと感じるのはそんな、編集者としての力量のなさです。当時、「向き不向きはない。誠実にやるまでだ」みたいに思ってやっていたし、精一杯力を尽くしたけれど、結果的に、今、こうしてわたし自身が本を書くようになっているのは、どこか、編集者としての資質みたいなものが足りなかったことも関係があると率直に感じています。

本当に、当時、まほちゃんもよくわたしとつきあってやってくれたなあと思います。ただ、たとえ手探りでも、自分で考え、自分で工夫し、自分で失敗しながら本づくりすることに、まだまだ夢中でした。

エネルギッシュな本づくり

ファッション誌のライターとして、ライティングを学びながら、サブカルの本を編集する。当時、毎日寝る暇もなく忙しかったけれど、このフリーランスのスタイルが心底気に入っていました。

ファッション誌からもサブカルの本をつくることからもたくさんの学びがありました。まほちゃんの本のほかに、サブカル本といえば思い出深いのは高円寺にあったM社での本づくりでした。当時M社は、カフェや音楽レーベル、イベントなど、とても若い人たちばかりでユニークな企画を立ち上げていて、なんともいえない活気がありました。M社の仕事に誘ってくれたのは、元クレヨンハウスの編集者で、わたしのポストのあとに入ったKさんというとてもおもしろい女性で、彼女とは、本当に、当時よくM社で徹夜をしました。

編集部の床で寝ていると、早朝に地下のスタジオからモンゴルのホーミーのレコーディングがはじまって、飛び起きたのも、思い出すだけで吹き出してしまうエピソードです

（すごい爆音で、いきなり音楽がはじまってふたりで爆笑するしかなかった……）。

M社には、A社にいる頃からひそかに憧れていた元音楽誌の編集者であったGさんもいました。Gさんは、今まで会ったことのある編集者とは誰とも違う、人間的な魅力のかたまり、みたいな人物でした。「いい人」というよりは、自由闊達で、正直どこか狡猾な感じがするところが、いかにも東京出身という感じ。一方で、揺るがない品みたいなものがあって、センスも本当によくて、言語感覚が発達していて、編集者とは、こういう品とか感性が必要な職業なのだなあと、Gさんを見てしみじみ思ったものです。

もともと、わたしはGさんの書く記事の本当にファンで、一緒に仕事ができる日が来たことがただただうれしかったです。Gさん、Kさん、わたし、の3人で、どこか、大学生や専門学校生がｚｉｎｅ（パンクな同人誌）をつくるようなノリで、何冊か本をつくらせてもらいました。どんなときも、めいっぱい力を出していたように思います。

M社は、とにかくいつも人でごったがえしていて、若い社長さんとみんながいいあいしたりしていて、何もかもが、整理されていない、混沌としていて、決してうまくいっているという感じではなかったけれど、ただ、何もかもが、こう、エネルギッシュで力強くて、何よりつくるもののデザインが秀逸でした。おもしろいデザイナーさん、イラストレーターさん、ミュージシャンたちがしょっちゅう出入りしていました。

わたし自身は、おしゃれな若い人向けの絵本のガイドブックをつくったり、それ以外にも、人気音楽グループのツアーパンフレットや、女性タレントさんのカレンダーをディレクションしたりもしました。毎日毎日、これまたわからないことだらけだったけれど、新鮮で弾けるような気持ちになることばかりでした。

しまおまほちゃんの本をつくった出版社もちいさくて、インディペンデントで、スノッブで、とても魅力的なところだったけれど、M社はもう少し男っぽくて、大学の音楽サークルよろしく猥雑な感じがして、わたしはとても好きでした。

思い出深い、絵本のガイドブックのタイトルを考えたのは、新宿のファーストフード店の2階です。さんざんタイトル案を出して、いまいちいいのが決まらず、お店を出たときには、夜の12時を回っていたのですが、そのとき同居していた女友だちから電話がかかってきたのを生々しく思い出します。

女友だちは、こういいました。「大変。ニューヨークで、ビルに飛行機が突っ込んだよ」。(目黒に住む前に住んでいた)早稲田の夏目坂にあった家に戻ってみると、テレビには、ビルに飛行機が突っ込んだ映像が延々流れていました。その日は忘れもしない、2001年9月11日でした。

東京は、まだまだ90年代の残り香があちこちに漂っていて、どこか浮かれた感じが、漂っていたように思います。わたしは、30歳で、若くて、自由で、なんだか毎日むちゃくちゃだけれど、みっちり、濃密に、仕事をたのしんでいました。

当時、Kさんが、オーガニックをコンセプトにした本をつくって、すごくうまい編集で、うなったことを思い出します。世の中に、おしゃれなオーガニックとか、あと、レイブとか、そういうカルチャーが少しずつ顔を出しはじめていました。今では誰もが知っているフェスという存在もメジャーになっていった頃のことです。

Gさんや Kさんらと仕事をして学んだことは、なんだろう、ただただ情熱的に、醒めることなく、夢中になって本をつくる、ということだったような気がします。当時のチームは、本当に、毎日、毎秒、毎瞬、取りつかれたように本をつくっていました。

Gさんも Kさんもそれはそれはタフで、著者さんから原稿があがってくるまで、夜中になってもいつまでたっても帰らずに編集部でじっと待っているようなこともしょっちゅうでした。あの二人は忍耐強さがふつうじゃなかった。

計算がなく、打算がなく、そのぶん、経済的にとか、進行上とかは、不具合だらけなんだけれど、でも、つくられた本たちはしあわせだったと思います。本というのは、本来、あのような情熱のもとにつくられるものなんじゃないかなと今でも思っています。

若さもありました。でも、本って、ある程度若さがもつ強さでつくるものなんじゃないかしら。年齢的な若さではなく精神の若さでつくる。おそらくわたしは、そういう本の存在がとても好きなのだと思います。

あたらしく立ち上がったばかりのM社の存在と活気は、のちのわたし自身にはかりしれない影響を与えました。それは、今も『マーマーマガジン』やわたしの書くもののはしばしに残り、若さ、というもののもつエネルギーをあいかわらず発し続けているように思うのです。

いよいよわたしは仕事上でも大きな変わり目を迎えはじめていました。

大きな変わり目

アラサー、五里霧中

A社を退社して、約5年の月日が経っていました。

『GINZA』のライター、サブカル本の編集、そのほか、くわしく書きませんでしたが、国語の教科書の編集部でアルバイトをしたり、単発の企画でも、小さな仕事でも基本的にはきた仕事は断ることなく、ありとあらゆる仕事をしていました。河出書房新社で絵本の翻案をさせていただいたのもいい思い出です。

目黒にあった富士山の見える古いマンションで（中庭の木の葉が枯れて、葉が落ちて、その先に富士山が見えるのを発見したときには、目がまんまるになりました！　入るとき、誰も教えてくれなかったんです）、当時のわたしとしては高い家賃もなんとか払えるようになっていましたし、「ものすごい貧乏」からは脱して、前よりは好きなお洋服も買えるようにはなったし、毎日、とても、充実していました。

もちろん、物質的な面だけではなくて、何人かの著者の先生方、フリーランスの仲間たち、あちこちで知り合いになる編集者さんやデザイナーさんたちとの日々もたくさんの刺激がありました。ここには書き切れませんが、本当に仕事ができる方たちの背中を見て、30歳になった頃は、まだまだ向上していきたいばかりでした。

よく、30歳前後の人に、仕事のことや恋愛・結婚のことで相談を受けるのですが、30歳前後というのは、人にもよると思いますが、「ただただ、もうどうしようもなく、まだ自分が決定していない時期」なのではないかなと思います。

いや、人によっては、もう2人め、3人めのあかちゃんが生まれるよ、という時期かもしれません。でも、都市生活を送っていて、仕事を中心に生きている女性にとって30歳前後というのは、個人差はあるにせよ、まだまだどうしようもないカオスの中にいる、という時期のような気がしてなりません。

わたし自身、五里霧中で無我夢中、だった気がします。不安も心配も自信のなさもマックスであったけれど、毎日毎日、ただただがむしゃらに仕事をすることで、負の感情を払拭するしかありませんでした。また、そうやって生きる若さもありました。

そうこうしている頃、年齢としては、31歳から32歳になる頃だったと思います。ある、ひとつの大きな大きな仕事がやってきました。それは、とても分厚い、オーガニックのした。

通販雑誌をつくる、という依頼です。わたしは、ふたつ返事でお受けします、と答えました。

それまでの仕事と違っていたのは、わたしがたったひとりで受けるのではなくて、ひとつの編集のチームをつくらなくてはならない、という点でした。仕事の規模が違いました。うろ覚えですが、発売までにあまり時間もありませんでした。ページ数は、400～500ページはあったでしょうか。

だいたい、通販の雑誌なんてつくったことがありません。その通販の雑誌には、おびただしい数の商品が掲載される予定で、各商品の写真、スペック、紹介記事が掲載され……さらには、産地の取材だったり、インタビュー記事も載る、という壮大な計画です。正直、クラクラしましたが、でも、この話、断る理由はないという勢いがありました。

編集長のIさんと打ち合わせをしました。正直、いろいろと無茶な企画と感じたけれど、でも、肚をくくりました。当時、わたしは、私生活でも大きな変化があり、33歳になる夏に結婚をしました。わたしがひとり暮らしをしていたマンションは、自動的に仕事場となり、そこが、オーガニック商品の通販雑誌の編集プロダクションに生まれ変わりました。

狭い部屋に、ぎゅうぎゅうに机を入れて、足りない人は、押し入れまで机にして、仕事をすることになりました。多いときには、その場所に、6人も7人も詰めかけて、夜中まで作業をした記憶があります。この企画については、時間が足りない、通販雑誌の経験がない、予算もそんなにはたくさんない、とないないだらけな上に、ページ数はものすごくあるという大変なことばかりだったのですがもうひとつ、大変なことが起こりました。

Iさんが、1回目の打ち合わせのあと、脳の病気で倒れて、意識不明となってしまったのです。この企画のコンテンツをつくり、構築して、把握しているのは、Iさんだけ。わたしたち編集チームは、運転を任されたけれど、目的地もわからず、地図もなく、とにかく走れといわれて、高速道路に飛び乗った車のようになってしまったのです。

Iさんが入院する広尾の大きな病院にかけつけて、Iさんのいる病室の前で、暗澹たる気持ちで立ちつくした日曜日の薄暗い夕方のことを昨日のことのように思い出します。

オーガニックの世界

大規模なオーガニック商品の通販雑誌は、編集長であるIさんが突然倒れるという事件を皮切りに、その後、どうやって本をつくったかよく思い出せないくらい、怒濤の日々がスタートしました。

Iさんが、頭の中で構築していたものがすでにあって、それを、想像しながら、つくっていくしか方法がありませんでした。Iさんは、奇跡的に生還し、途中からお話できるようにはなりましたがまだまだ込み入ったお話ができるようにはなりませんでした。

探り探りコンテンツをつくっては、Iさんが入院する広尾の病院に通う日々。それでもなんとか撮影や取材がスタートしました。何人かの編集者さん、ライターさんたちとチームになってページを分担し、わたしも、いくつかの企業を担当させてもらいました。

忘れもしないのが、オーガニック食品の輸入を古くからやっているある商社さんでした。この商社さんへのインタビューが、本当に本当に印象深かった。ごく簡単にいえば、もっとも印象的だったのは「オーガニックの商材を扱うのは、本当にストレスがない」というお話でした。

取材させていただいた担当者の方は、もともと一般の企業にいて、物を売るときに、どこか自分が扱っている商品にうしろめたさがあった。でも、オーガニックの商品は、堂々と誇りをもって売ることができる。裏表がない。また、オーガニックの商品を求める人も、ちゃんと、その商品が必要で求めてくるため、不要なクレームなどをいう人がいない。売り上げについても必ず、オーガニックの商品には顧客がついていて揺るがない。とてもストレスがないんだ、とお話ししてくれました。

その方自身もとっても感じのよい人で、この商社さんで扱う商品も、ドイツをはじめとするヨーロッパのものが多く、デザインもかわいくて、なにもかもが魅力的でした。その後も、わたしは数社の取材を重ねましたが、どこを訪ねても、みなさん、同じようなお話をするのです。これはA社退社以来久しぶりに味わった、オーガニックの世界ならではの自由で安心するやさしい空気でした。

もともと育児雑誌の編集者時代にはオーガニックの商品に触れていたはずだし、もっといえば、思いっきり自然志向だった実家でだって、そういった自然派のものに触れていたとは思うのですが、ようやく自分の感性がそのときに、オーガニックの世界をわかる感性になったし、本当の意味で合致しはじめたのだと思います。

この通販雑誌の立ち上げに関わって、オーガニックの食品、農産物の世界にどっぷり浸かったことは、その後のわたしの方向性をはっきりと決めました。

もともと「目に見えない世界と目に見える世界を結びつけよう」という密かな思いはもちろんあったにはあったけれど、こう、こころの向きがはっきりと、オーガニックのほうに向いたのは、この通販雑誌をつくったことがきっかけだったのです。これまでおびただしい数のお店や人や服や雑貨の取材をしたけれど、こんなに「おもしろい」、とこころの最も深いところから感じたのははじめてのことでした。

わたしの中に、それはそれは新鮮な風が吹きました。オーガニックの世界について、自分の仕事の主軸にしようとはっきり決まった瞬間でした。2003年から2004年頃、今から約10年前の、淡くも輝かしい思い出です。

さて、このオーガニックの通販雑誌が完成して、どれくらいの月日が経ってからのことでしょうか。

あたらしく、オーガニックの雑誌の立ち上げの依頼が舞い込んできました。

聞けば、某自然食品関連会社が発行する新雑誌とのこと。胸が躍りました！

でも、わたしは、まだまだ自信がありませんでした。今思えば、あのとき自分が編集長になるという選択もあったかもしれません。ところが、そんなこと、思いつきもしませんでした。オーガニックの通販雑誌をつくった仲間を誘って、その仲間の中に、雑誌の編集長を経験した人がいたため、その人に、編集長をやらないかともちかけたのです。

人生には、「舞台にあがりなさい」といわれて、「はい」と素直にあがらないといけないときがあるのだと思います。自分の前にリムジンがとまって「さあ、お乗りなさい」といわれて、「わかりました」と素直に乗る必要のある瞬間があるのです。

今ふりかえると、まさにあのときがそうでした。でも、わたしは、舞台にもあがらなければ、リムジンにも乗りませんでした。仲間のひとりに、その席を譲って、わたしは、おずおずと、そのあとをついていくという道を選んでしまったのです。

当時は、何もかも「ばっちり」の采配と思っていました。でも、自信がなかったわたしの体(てい)のいい「ごまかし」でしかなかったのです。まわりの人を活かすなどとえらそうなことを思っていましたが、今思えば、あのときこそ、自分がいよいよ主役になるときでした。わたしはあのとき「主役」になれたと思います。でも、わたしは、舞台袖で、スポットライトを浴びる人を助けるほうの役まわりを選んでしまったのです。

この雑誌の立ち上げは、最初から、本当に、波乱含みでした。

はじめてのプレゼンで

オーガニックライフを紹介する創刊のプレゼンがはじまりました。自然食品関連会社のクライアントがいて、そのクライアントが、直接某出版社に依頼した企画でしたが、その出版社が、ある共通の知人を通してわたしに依頼をしてきたのです。

いよいよ、目に見えない世界と目に見える世界とを結ぶような、それでいて、どこかスノッブな、いちばんつくりたかったフレッシュな雑誌を立ち上げるチャンスがめぐってきたのです。燃えました。

当時、マーサ・スチュワートの雑誌『Ｌｉｖｉｎｇ』の誌面づくりが好きで、ビジュアルもあんなふうにスイートなんだけれど甘過ぎない、清潔で、クールで、どこか知的で、でも、リラックスした感じのきれいなビジュアル誌、だけれども、オーガニックとか、神秘的なこととか、そういったことが自然に語られている、そんな雑誌をつくりたいと考えをめぐらせていました。

たくさん資料を集めて、準備万端整えて、出版社の人に見せるプレゼンに向かいました。当時のオーガニック通販雑誌の仲間と一緒にです。出版社のあった青山の事務所で、出版社の社長、編集者、雑誌づくりの仲間とで参加しました。

プレゼンですから、こちらの主旨を堂々と説明しなくてはなりません。当時の雑誌の世界のマトリックス図を白いボードに描いて、「わたしたちの雑誌がめざすのは、このあたり」などと、まあ、語れるだけ語りました。そうして、大きな袋から、どばさーーーっと、マーサ・スチュワートだの、海外のオーガニック系の雑誌を並べたときのことです。

なぜ、あんなことが起こったのか。あれは、何かのメタファだったのか。あれは、いったい……。

当時、わたしは、月経血コントロールなんて存在すら知らなければ布ナプキンを自身の肌にあてたことはもとより見たこともありませんでした（オーガニックの雑誌をつくろうというのに！）。そう、当時はまだ紙ナプキンを使っていたんです。プレゼンをはじめて数十分経った会議で、海外の雑誌を一気に机に並べた瞬間。なぜなのか、紙ナプキン、それも夜用が、４枚、ぺらーーーーっと、会議室のデスクに、並んでしまったのです

なぜ？　なぜ？　なぜなの⁉

わたしは、顔を真っ赤にして、でも、突っ込んでくれる人は誰もおらず（そりゃそうです）、そうっと、ちいさな声で「はずかしいものを出してしまいました」（ってこのコメントがいちばんはずかしい！）といって、その紙ナプキン（特大）を紙袋にしまうと、そのあと何もなかったかのように、プレゼンを続けたのです。

ナプキン出現以来、頭は文字通り真っ白に。わたしは何を話したかは覚えていません。一緒に行った仲間はさぞかしフォローしてくれるかと思いきや、会議室のドアから出たとたん、「何やってるの！」と叱られてしまいました。

今思えば、あの紙ナプキン（特大）が絶対に表に出てはならない瞬間にどばっと出たことすら何もかもの象徴だったような気もします。正直、このプレゼンは、ダメだったなと素直に思いました。

まあ、またライターをして食べていけばいいや、と、そんな気持ちで出版社からのプレゼンの返事をのんきに待つ日々でした。

やってはいけないことをした

ところが、あとで聞いたところによると、あの事件がかえって印象をよくしたとかなんとか……(もうわけがわからないですけれど)、結局、プレゼンは通って、自分たちのチームがオーガニック系の雑誌を創刊することとあいなりました。

それからは版元となる出版社の編集者とともに、いよいよ企画会議がはじまりました。どんなときも、はじまりというのは、あらゆる感情——たのしさ、わくわく、どきどき、ちょっぴり心配、不安、そういったものがないまぜになるものなのですね。もう今から、10年以上も前のことだから記憶が茫々としているところもあるのですが、それでも、何か、思い出すのは編集部に射し込む明るい陽光。雑誌創刊ならではの活気があったことを覚えています。

ところが、前にも書いた通り、この企画は、今思っても、「自分がやります」と堂々と前に出て行く必要のあるものでした。でも、わたしは自分の自信のなさと、まわりへの配慮という名の……あれは何なのか……弱気からくる、やさしさの押しつけみたいな……そういうものが起点となっていますから、何か、一歩動くごとに「問題」が起こりました。そう、最初からボタンをかけ違えていたのです。

もちろん、当時は、そんなことにも気づかず、ただただ必死でした。でも、誰がどこで何をするかは本当に本当に大切なことなんです。もう、それだけといっていいくらい。そして、自分の出番が来たら「はい」といって行わなければなりません。

その雑誌は、ぶじ、創刊されました。知的で清潔感があって、とてもきれいなビジュアルで、オーガニックと、スピリチュアルが、ほどよい加減で入った、とてもうつくしい本でした。あとにも先にもああいうテイストの雑誌は、あのチームでなければできなかったと思います。

ところが、2号目をつくることになって、どうもチーム内で、さまざまな部分でのコンセンサスがとれなくなってしまったのです。今思えば……本当にあとの祭りなのですが……わたしは、編集長をもっと立てて、編集長の思う通りに誌面づくりをしてもらえばよかったのに……でも、企画会議で、わたしは編集長に反旗を翻してしまいました。あってはならないことをしてしまったのです。

雑誌の世界では、編集長は絶対的な存在です。これは、編集長の独裁とか、そういうことではなくて、そうでないと雑誌なんて、〆切通りにおもしろいものなんてつくれないのです。

編集長に反旗を翻した結果、わたしが首になるのではなく、わたしが長をとることになりました。蚊帳の外に置かれた編集長の苦しみは想像の域を越え、ことばにもなりませんが……、構成員の誰もが、苦虫を噛みつぶしたような、ただただしんどい気持ちでいっぱいのスタートとなりました。

当時、わたしは本当に若かった。何度もいいますが、長がやるといったことに「はい」といってついていけばよかったのです。

人間関係が、ものすごい勢いで崩れはじめました。わたしは34歳になっていました。

激しい思い

今思うと、あの頃のわたしには、雑誌づくりへのとても激しい思いがあり、雑誌として「うつくしい着地点はここ」というビジョンがとても明確にありました。

それまでは、そんな類いの情熱が湧くことはありませんでした。いや、情熱が湧いても、これは、わたしが編集長の雑誌じゃないと思って、潔くまた気持ちよく折れることができました。その雑誌雑誌の編集長の方針なり美意識なりを尊敬することもできました。

ただ、なぜか、あの新雑誌立ち上げのときだけは違っていたのです。わたし自身が、編集者として、かっかと燃え盛る炎のような季節だったのか？　なんでも思い通りにしたいという邪心が、人をけちらして、目的達成に走らせたのか。何が起こっていたのかはわかりません。

でも、我が子を守る母のごとく、ページづくりに、どこかいのちがけ、「ここがポイント」という外せない境界線がこの頃からはっきりと引けるようになっていました。２号目は、もちろん反省点はありながらも、自分自身の思いを充分に反映させたものとなりました。

ところが、です。

2号目を出したあと、とんでもない問題が耳に飛び込んできました。

3号目以降、とても出せそうにない、と発行元から突如、通達が届いたのです。

あまりにも突然の知らせでしたし、何よりその真相が、編集部の人間には、はっきりとはわかりませんでした。おそらく、出資する会社と出版社との関係性の問題、そしてお金の問題でした。

さらに、自分自身が「長」として関わった2号目について、スタッフへのギャランティが発生しないという事態が起きたのです。

背中からまっすぐ後ろに倒れて失神しそうな気持ちになりました。

なぜ？　大変な苦労をしてつくった号です。その号をつくったチームにお金が支払われないとは……。

デザイナーさん、カメラマンさん、イラストレーターさん、スタイリストさん、ヘアメイクさん、ライターさん、校閲さん、雑誌にはたくさんのスタッフの方々が関わっています。今思ってもおろかなことですが、当時のわたしは、かっかと燃え盛っていて、頭がクールではありませんでした。

版元の社長に話をしてもなしのつぶて。これは出資元に相談だ、と、クライアント先の社長さんに会う約束をとりつけて、社長室で、なんとかお金を出してもらうように、直談判もしました。でもいくら「雇われ編集者」があぁだこうだいったところで事態が変わることがあるはずもありません。ことの真相も知らない身で、わたしの行動はもうムチャクチャでした。予算の問題は版元の責任なのだから、今考えれば版元の問題だったのです。

わたし自身、一介のフリー編集者・ライターの身で、支払うべき何百万円ものお金をもっていません。真相もよく知らされないまま、ただただ謝って歩く日々です。悔しくて情けなくて、どれだけ泣いたかわかりません。

雑誌に関わってくださった仲間たちに対してこころから申し訳ない気持ち、いっしょうけんめいつくった誌面がむくわれない気持ち……。もちろん編集部だって解散です。新雑誌のためにたくさん考えついていたコンテンツも水の泡と消えることに。

お金がない、ということの悔しさとしんどさをあれだけ味わったことは後にも先にもありません。もしこれからも雑誌をつくったり本をつくったりしていくならば、「お金が払えない」ということだけは絶対にさけよう。そう強く強く決意をさせられた機会でもありました。

プライベートでは離婚が秒読みでした。人生のどん底というものがあるならば、これ以上のどん底はないという日々。ずだ袋に入れられて、理不尽にも、何人もの人々から

一(いち)からはじめる

足蹴りにされるような、そんな気分でした。どうしてこんなに誠心誠意やっているのに仕事も家庭も何もかもうまくいかないのか？　砂の城がくずれるがごとく、さらさらと自分の足元がもろくも崩れていきました。大切な人を傷つけ、自分自身も傷つきました。おそろしく、悲しく、情けない気持ちだけが充満する毎日でした。

あの頃のわたしはずだ袋の中でただただだまって耐えるしかありませんでした。これ以上悪いことは起きない。そう思うことが、当時のわたしの唯一のなぐさめでした。

しかし、本当に今思えば、なのですが、あの数年の苦々しい体験が、のちに『マーマーマガジン』という雑誌を創刊させる土壌づくりとなっていました。

あれほどの失敗の経験がなければ、自分自身を奮い立たせることができなかったし、実際に勇気をふり絞ることもできなかったのです。

当時、『マーマーマガジン』の「マ」の字も世の中には生まれていないけれど、あの冷たい冬の時期に、かちかちの土地には、その種が、静かにまかれていたのかもしれません。

思い直せば、あの大失敗は、光ある旅立ちへの予兆そのものだったのです。

当時のわたしはすっからかんでした。

オーガニック系の雑誌の立ち上げは、ある意味サイアクの結末を迎えたのです。

ファッション誌のライターをはじめ、この雑誌を立ち上げる前にしていた仕事はみんな整理してしまっていました。

フリーランスの編集者やライターの仲間たちとほそぼそと編集プロダクションのようなことをはじめて、全部、一からスタートするしかありませんでした。

純粋にフリーランスのライターに戻って、インタビュー記事を書いたりだとか、企業のパンフレットをつくったりだとか、受験生向けの教育雑誌の記事を書いたり、もう、仕事なら何でも引き受けました。

離婚することも決定しました。

今思うと、一体どうやって生活していたのかと思いますが、まわりの人の信用を得ようと、青山の裏手に事務所を構えて（実際、ものすごくボロボロのアパートだった）、そこで仕事をし、寝泊まりもしていました。

表向きは、「事務所」としていたのですが、これまたかつていた育児雑誌の編集部のごとく『アンネの日記』ばりに、奥の扉をあけると小狭いわたしの部屋がありました。本当にベッドだけがあるような、暗い部屋。当時は、よくそこで泣きました。

結婚していた頃の元の家族が、誰か、わたしを迎えにきてくれないかと何度も思いました。自分で出した結論だったし、未練があったわけではないけれど、でも、心底こころ細かった。よくぞあんな暗い部屋が青山に存在したと思うくらい、日当たりの悪い部屋だったのですが、人生を憂いまくるには、最高の部屋でした。正直、自暴自棄でもありました。

ようやく手に入った雑誌創刊のチャンス。そして大切な大切な人間関係。みんなみんな、失ってしまったのです。

どういうきっかけだったかは忘れましたが、その自然発生的にはじまった編集プロダクションも、そのうち自然に消滅することになりました（おそらく、わたしが、リセットしようと提案したのだと思います）。

そんな中、わたしを好きといってくれる人があらわれて恋人になりました。宙ぶらりんのわたしに救いの手がやってきたようでした。何もなくなってしまったわたしのよすがとなりました。

青山でボロいとはいえ借りてしまったアパートの家賃の支払いもあったけれど、でも、なんとか、日々食べていくだけの稼ぎはできるようになっていきました。安逸をむさぼったり、ライターの仕事をこなす日々。正直たいして精力的ではありませんでした。思考を停止して生きました。

その頃はただただ、平穏な毎日がありがたかったんです。しかし、一方でやっぱりこころのどこかでは、雑誌づくりへの思いがくすぶっていました。新雑誌のために準備していた「企画」が頭の中にいっぱい残っていました。

「企画」を、語りたくて語りたくてしかたがない、という感じでした。それをわたしが「まあまあ、失敗したばかりなのだし、わたしたちにはお金がないのよ」となだめる、といったふうでした。

季節は、夏から冬へ、冬から春になろうとしていました。２００７年のこと。

わたしは36歳になっていました。

不思議な転換点

今思っても、なぜあのような場面を見たのかが不思議です。すべて、神様が用意してくれた映像なのかもしれません。

日々ライターをして、ぼちぼちと暮らす日々。雑誌をつくるという願望は、自分のこころの奥の奥、土を掘って掘って掘り返した底に埋めてしまって、もう見ないようにしていました。「いつか雑誌をつくりたいなあ」と口ではいっていましたが、どこか、薄っぺらで、口にするたびもろくも空中分解してしまうような弱々しい響きでした。

こわかったんです。失敗がまた来る気がしたし、自分への自信も失っていました。雑誌をつくるには、お金を出してくれる人との関係性、信頼、そういったすべてをマネジメントする能力が必要でした。自身のそういう能力に対して、不信感でいっぱいでした。

ある日、わたしは、知人のライターさんとあるオーガニックコスメの展示会へ行くために恵比寿の通りを歩いていました。展示会の会場手前で、信号待ちをしていたときのこと。ふと見ると、コンビニに、よく見た顔があったのです。それは、あのオーガニック系雑誌の立ち上げの中での重要人物、個人的にもめにもめた人物の姿でした。

その人の顔を見るのはとてもひさしぶりのことでした。その人は必死に何かをコピーしていました。あたらしい仕事をはじめたんだ、とわかりました。わたしが、知人のライターさんに誘われるまま展示会にぶらぶらと来ているのとはまったく違う気迫が、そのコピーをする様子から感じられました。その人と会うのも気まずく、その様子をガラス越しに見たあと、さっさと展示会に行ったのです。展示会に行ってもずっと頭がぼーっとしていました。

その帰り、ライターさんと一緒に、近くの喫茶店に入りました。お水が運ばれた折、奥から、また、先ほどコピーをしていた元関係者の声が聞こえてきたのです（！）。とても熱心に仕事の話をしていました。やはり何かあたらしいプロジェクトの話をしているようです。ここで会うのはまた気まずいと思い、知人のライターさんにいって、珈琲も頼まずに、そうっとそのお店を出ました。

なぜ2度もその人と遭遇するのか？　胸がどきどきしました。ちなみにその日、別の場所でもう一度、その人を見かけたのです！　3度もその人物に会って、さすがにわたしも考えました。

「これはどういうことを意味しているのか？」

その人が熱心に仕事をする様子を見て、そのときの自分が恥ずかしくなりました。わたしなど、目標もなく、だらだらと毎日を過ごしている。「雑誌がつくりたい」などとうそぶきながら、そのための努力もせずに、適当な日々を過ごしている。

この日、わたしは、うちのめされたのです。3度も同じ人物に遭遇して（といっても一方的にわたしが見ただけですが……だから、あれは本当に「幻」だったのかもしれません……）、わたしは、両方のほっぺをひっぱたかれたような気持ちになりました。

ぼけっとしている場合ではないと思いました。

何より、かつて傷つけた人たち（3度遭遇した人物のこともかつてとても深く傷つけました）、その人たちへの謝罪や、また、一緒にがんばったときの情熱や、愛や、そういったことのために、今わたしができることは、自分が本当にやりたいことをやることだ。自分が本当に好きなこと、好きな世界のことを表現するんだ。わたしの、あの雑誌立ち上げのときの気持ちが本気であったことを証明するためにも、今、雑誌をつくろう、と思い立ちました。何より、今度こそひとりではじめようと決めました。

細かなライター仕事が片付いたある数日間、わたしはパソコンのワードを使って雑誌創刊の企画書を書きはじめたのです。「あたらしい雑誌の企画」というタイトルです。全部で7〜8ページのとても簡単な企画書でした。

本当のスタート

わたしは、はっきりと目が覚めました。

わたしは、あらためて雑誌を立ち上げることにしたのです。

自分でもどうしたことかと思うのですが、当時、とても助けてくれていた恋人に長い別れの手紙を書きました。そうして、本当に、今度こそ、わたしはひとりになってスタートすることを決めました。

わたしは、当時インターンとして働いてくれていたAさんにサポートしてもらいながらワードを使って企画書を書き、企業を回ることにしました。

「雑誌をつくりたい」とあちこちでいうことも忘れませんでした。すると、自然派のコスメブランドを立ち上げた社長さんを紹介してくれる人がいたり、まわりの人たちがおもしろい情報をいち早く教えてくれるようになったり、たくさんの人が支えてくれました。この人たちの支えもなければ、今のわたしもありません。本当に、出合いのひとつひとつが今につながっていると思うと、とてつもない奇跡ばかりの国に住んでいるように感じます。

7～8枚の企画書「あたらしい雑誌の提案」は、2社目のアパレル会社の目にとまりました。2007年の春のことです。

プレゼンを許されて、Aさんとともに、出席をして、そうしてできる限りの話をさせていただきました。今度は、生理用ナプキンはテーブルの上に登場しませんでした。うまくいったのか、どうなのか、手応えはさっぱりありませんでした。でも、そのアパレル会社の人たちは、何かとても、話しやすくて、気持ちが通じ合う感じがしました。

5月になっても6月になっても、返事は来ません。7月になっても8月になっても……。いつ雑誌の仕事が来てもいいように、調整して仕事をして、ぎりぎり食べていくぶんの仕事をキープしながら、返事を待ちました。

8月も終わりにさしかかった頃、さすがに、そろそろ返事が来てほしいと思い、明治神宮にお参りに行きました。最後の神頼みをしたのです。本気で、返事が来てほしいとそれだけをお願いしました。

神に祈りが通じたのか、本当にそれからほどなくして、返事はやって来ました。そのアパレル会社が雑誌をつくりましょう、といってくれたのです！

全身の力が抜けるとともに全身に力がみなぎって、からだが光り出すようでした。身震いがするとは、このことでした。

モモ爺あらわる

ただただラッキーだったと思います。あのつたないプレゼンが通ったのです。正直、今回も2号、3号で終了してしまうかもしれない、と思いました。それでも、わたしはいいと思いました。とにかく、スタートしたかったのです。挑戦したかった。

その頃のことです。

わたしの前に、ヨレっとしたジーンズをはいてヨレヨレっとした帽子を被ったおじいさんとおじさんの中間、みたいなおじさんがあらわれました。

ある方が紹介してくれた不思議な世界のおじさんです。おじさんは、あまりにたくさんの人の話を聞いてまわっているので、話を聞くのがうまい『モモ』（ミヒャエル・エンデ作）になぞらえて、「モモ爺さん」とこころの中で名前をつけて呼んでいました。雑誌をつくる、と決まったら、モモ爺さんがわたしの前にあらわれたのです。

モモ爺さんは、ほかの人にしているようにわたしの話も、うんと聞いてくれました。ジャッジというものが一切ない状態で話を聞いてもらうという体験は、心底わたしを解放しました。古くからわたしが身につけてきた、もういらなくなった思いや記憶がぱらぱらと、はずれていくようでした。小気味よいほどに……。

わたし自身の解放がはじまったのだと思います。どこかがんばりすぎていた自分、自信のない自分――。忘れもしないA社の初出社の日、「アダルトチルドレン」を他人事のように生意気にも思ったけれど、何を隠そうわたし自身が「アダルトチルドレン」でした。自分自身を解放していくごとに、少しずつ少しずつ、これまでの自分の偏りにも気づいていくことができました。わたしはずっと〝本来のわたし〟で生きていなかったのです。どこか〝わたし〟をゆがめ、無理やり固めたり伸ばしたりして、どこか偽の自分を構築していたのです。

わたしが長年積み上げ、鎧のようにまとった「思い込み」の着ぐるみを脱ぐ時が来たのです。自信のない自分、一方でやればできるかもしれない自分、とにかく見ないようにしていた本来の自分の姿でやるしかない。いよいよわたしが、素のわたし自身を受け容れ、見つめて、人生に立ち向かうときでした。

当時、まだフリーランスで請け負っていた、ある大きな仕事がありました。有名なある会社の分厚いパンフレットの制作です。わたしは、その仕事には、副編集長のような立場で関わっていました。ところが、あるとき、作業量がもっともピークを迎える時期に、そのパンフレットの仕事をもってきた編集長的な役割の人が、遠方の出張に行ってしまうことがわかりました。

正直、その出張は行っても行かなくてもいい内容、のように見えました。はっきりいってわたしには出張というより、その人が旅行に行くように見えたんです（こんな大変な時期に逃げるのね！と内心思いました）。今書いていても、まさに「責任者が責任とらない」というのは「わたしの記憶」にほかならないと思うのですが、このときのわたしの怒りようといったらありませんでした。

「取材も撮影も入稿も何もかもこの数日で精一杯やらないといけない時期に、みんなを放っておいて、どこへ行くつもりですか！」とぷんぷんに、かんかんに怒り、その編集長的責任者と、電話で言い争いになってしまいました。

先方にもいいぶんがあります。わたしが「逃げるのネ」と思っただけで、本当に必要な出張だったのだと思います。でもわたしもとても怒っています。これでは、解決の糸口がないな……そう思ったとき、わたしは一旦話をやめて、モモ爺さんに、解決の糸口のヒントをもらおうと思いつきました。

電話の相手に断って、一旦電話を切り、モモ爺さんに電話をしました。モモ爺さんはすぐに出てくれました。わたしがモモ爺さんとお話するのは、2度目くらいでした。

わたしはすごい剣幕で、このくやしい思いを、いいまくりました。「本当に腹が立つんです！　酷いんです！　責任逃れして旅行に行くんです、おそらく！　この大事な時期に！　酷い酷い酷い！」って。

しばらくモモ爺さんは、「ふぉっふぉっふぉっ」とか、「そうなんだ」とか「ほお」とか「へえ」とかいって話を聞いてくださいました。そうして、ひとしきりわたしの話を聞いたあと、このようにいったのです。

「その人のこと、許してあげたら？　その人が旅に行ったっていいじゃない？　残りはわたしが全部責任もちます。あなたが責任とっていたときのようにはできないかもしれないけれど、でも、自分がやります、任せてください。だから、どうぞ、その仕事に行ってくださいねっていってみたら？　いいんじゃない、男なんてそんなもんだよ」

始終陽気できげんのいいモモ爺と話していたら、かっかと怒っていた自分が不思議なほどクールダウンして、あはは、おほほと笑っているうちに、「さもありなん」と思えてきたではありませんか。モモ爺との電話を切る頃には、「出張に行ってきてっていいます、わたしが責任とります。できそうです」と答えていたのです！

モモ爺さんの電話を切ってすぐに、先ほど怒っていた相手に電話をしてこんなふうにいいました。「わたしがやるから行ってきてください。うまくできるかはわからないけれど精一杯やってみます。かっかと怒って、申し訳なかったです。ごめんなさい」って。そうしたら、絶対に譲らなかった相手がはじめて「ごめん」といいました。そして、お互いにとても感じよく電話を切ることができました。

結果、なんと、心配していたような問題は一切起こりませんでした。「膨大な仕事がわたしに襲いかかってくる！　〆切に間に合わない！」と思っていたのに、その分量はたいしたものではなく無事やりとげることができました。しかも、ギャランティは、想定していたもののなんと倍の額、もらえたのです。金額にして、それなりに相当な額でした。

ただただ「正しさ」に向かっていくのではない、「こうあるべき」を手放した時に起こる解放がもたらす自由な世界と、「いい加減」がもたらす魔法を体験した瞬間でした。

マーマーマガジン誕生

この魔法を、たった一度きりでも経験したことで、わたしというものの波長がまったく変わってしまったようでした。

ウソみたいにちいさなことです。でも、ちいさなことは、大きなことだったと、今ふりかえってでも思います。あんなにぷんぷんに怒っていたのに、数分であっけなく、「いいよ」といい、しかも「相手の責任もすべて自分が負う」と宣言したことで、その後のわたしの運命の流れが激しく変わったのです。

大げさなようですが、握りしめていた正義感のようなものを手放した経験は、人生の中でもとりわけエポックメイキングなできごとでした。

モモ爺が、電話の向こう側から、ほにゃほにゃほにゃほにゃ、やわらかくもほがらかな波動をわたしに送り続けたことで、「許す」と「背負う」を両方受け容れる自分になったのです。

弟子の準備ができた時に師は現れるといいますが、まさにひとりで立つと決めた直後にモモ爺はわたしの世界に登場しました。

モモ爺の生きる姿、アドバイスにその後どれだけ助けられ、支えられたかわかりません。

ひとりだけれど、もうひとりじゃない。

自分が大きな自然と確かにつながったような安心感が芽生えました。

ウソのようですが、この解放を体験したことで、自分のエネルギーが変わってしまうのか、初期設定したパソコンのように、すがすがしくあたらしい自分に生まれ変わったようでした。

そんな中、新雑誌創刊の準備は着々と進んでいきました。何もかもはじめてのことです。クライアントさんとの会議を重ねて、どういう本にしていくか現実的な話し合いを続けました。

全体の予算をうかがって、そこから逆算してスタッフィングをし、自分がつくって年何回出せるかなどを割り出しました。もちろん経済の面からだけではなくて、今の読者さんたちに向けて、どういうボリューム、内容、テンション、表現が相応しいか、話しに話し合いました。

当時まだ流行っていたフリーペーパーにするという案もありました。でもフリーペーパーではなくて、お金はやはりもらおう。そのかわり、一部をアマゾンの森林保護活動に寄付しよう、などと活気溢れる会議の中、話が決まっていきました。

何より時間をかけたのは、読者がどんな方たちなのか、というシミュレーションです。「依子さん」という読者のモデルをつくって、どこに住んでいて、収入はどれくらいで、恋人の有無、趣味、ファッション、好きな音楽から映画、食べものまでことこまかに考えていきました。「依子さん」がどういう人物かを書いた紙はA4で何枚にもなりました。その「依子さん」はわたしやクライアントの女性たち自身でした。自分たちが読みたいと思う本がない。それを本気でつくりたいという気持ちひとつでした。

当時、お金を出してくれることになった企業のみなさんと、一緒になって本づくりをするのは本当に、本当に、たのしい時間でした。直接やりとりするみなさんはアパレルの企業の方々だったということもありますが、おしゃれが大好きで、元『オリーブ』世代で、何もかも、あけすけに、話せる大事な仲間たちでした。今、ひとりひとりの顔を思い出しても、同級生のような感じがします。

お世話になった女性の社長さんは、わたしの、もうひとりのおかあさんのような感覚です。本当に本当に、わたしのことを信頼していただき、かわいがっていただきました。そうして、ふつうだと、クライアント対編集部、となりがちな部分も、一緒になってつくることでまったくなく、ものすごい一体感でものづくりすることができました。

本当に、よく笑い、よく泣き、雑誌をつくる、という目標に向かって、一緒に歩んでいきました。デザイナーさんが決まり、スタイリストさんにお声がけし、載っていただく方々を選出していきました。

1から2になるときも大変なエネルギーが必要ですが、0が1になるときは、それはそれは、大きなエネルギーが動きます。開墾されていない土地を自分たちの手で切り開いて、畑にしていくのです。ひとつ、ひとつ、が手間取りました。でも、いちいちへこたれていては、雑誌の創刊など一生かかってもできません。ひとつひとつ起こるできごとを忍耐強く乗り越えていきました。

モモ爺さんは、あのあともときどきあらわれては、眉間に皺を寄せて、必死でがんばるわたしに「ふぉっふぉっふぉっ、完全なものをつくったら、次が大変だよ。てきとうにね」とウインクをしてくれました。モモ爺さんによって、つい力みがちになる自分が、いい塩梅の自分に、その都度戻されて、創刊準備に向かっていけるのでした。

2008年の春は、うつくしい春でした。

雑誌を創刊する

ーいよいよその時が来た

さあ、いよいよ、本当に雑誌を創刊する時がやって来ました。

新創刊する雑誌について、「どういう本にしようか」という点では、一点の曇りもありませんでした。

「目に見えない世界と、目に見える世界をひとつにして表現する」が根幹となるテーマ。編集者になって以来ずっと考え続けて、ひそかに準備してきたことにようやく着手する時が来たのです。

オーガニックやホリスティックの知恵に、わかりやすいネーム（原稿）とすばらしいデザインを。ファッションをはじめとする物質的な世界、消費の世界に、自然や人への思いやりを——。

わたしが20歳代だった頃は、有機農業や自然食品の世界は、主流（メインストリーム）の世界からは正直まだまだアウェイで、左翼の運動か宗教かというような見方がそこはかとなく漂っていました。いわゆる「自然系」の世界は、わたしにとってはあまりに理にかなうものだったし、びっくりするほどユニークでおもしろいものと感じたけれど、まだまだどこかあやしさ満点だったのです。

一方、ファッションは、パリやニューヨークの様子を垣間みると、「エシカルファッション」という流れが静かにはじまっていました。

エシカルファッションとは、人道的なファッションのこと。

児童労働の問題や、農地を薬でだいなしにしない、人にも自然にもやさしいファッションの世界です。

同じようなことを世界各国の人たちが考えはじめていること、そんな思いがあちこちで同期していることにも勇気をもらいました。ファッションを切り口に、自然や人を大切にするというアイデアを紹介できるのです。何より、その切り口はどこにもまだなかったから……ちいさい突破口ではありましたが、ビジネスチャンスそのものでもありました。

「まだないもの」「足りていない部分」「困っていること」には、いつだって（ビジネス）チャンスが潜んでいます。

わたしは、新雑誌創刊の準備に夢中でした。

先の雑誌創刊のときは、人に頼ってばかりで及び腰でしたが、さすがのわたしも今回ばかりは、もう本当に懲りていて、肚をくくっていました。うまくいかなくてもいい、「やらないで後悔する」よりは「やって後悔しよう」って。

新人時代からずっと感じてきたこと、フリーランスになってから、ちいさな石を積み重ねるように、少しずつ少しずつためてきた経験がいよいよ活きる時が来たのです。

若いうちというのは、早く結果を出したいと思うかもしれません。

また、才能のある人は、早いうちから成果を出せるかもしれない。

人生のバイオリズムというものもあります。

若いときに業績を残しやすい人と、いわゆる大器晩成型で、ゆっくりと成果の温度をあげていく人もいます。

わたしは完全に後者のタイプ。

ここまでくるのには充分な時間が必要でした。

約2年半の編集部勤務、約10年間のフリーランス時代を経て、ようやく、自分らしい雑誌の制作を現実的に背負える勇気がもてました。

しかも、今回取り組むコンテンツは、10万部や20万部発行するような雑誌ではなく、マガジンとzineの中間のような規模感でやるのにぴったりだと直観していました。

また自分の感性にそれがすごく合っているとも——。

雑誌の名前は『マーマーマガジン』に決定しました。

「マーマー」とは「木々のざわめき、川のせせらぎ」といった意味。ちいさな自然の声、からだの声を聴こうよ、という気持ちで名づけました。もともとはフランス語で「mer」(海)というアイデアがあったのですが、ちょっとフェミニンすぎると感じ、忘れもしない、代々木上原のカフェで友だちのAちゃんとライターのM君に相談して、「R.E.M.」のアルバムからとって「murmur」がいいんじゃない?とM君が発案してくれて、即、決定しました。日本語での「まあまあな」という気分もこめました。いかにも自分らしい雑誌名でした。

わたしが『暮しの手帖』をつくるなら

「目に見えない世界と目に見える世界をつなぐ」

このコンセプトの裏には、さらにわたし自身だけがひそかにもっている「裏コンセプト」がありました。

何をするときもそうですが、まるで音楽のように……聴こえるか聴こえないかわからない音域で流れているベース音のようなもの、ドラムのリズムのようなものが、とても大切なように感じています。

クラシックで喩えるなら、バッハの曲みたいな感じ。メロディが2つも3つも同時に重なっている、あのイメージです。主旋律があるとして、副旋律というか、ベースの音というか、隠れて流れている裏コンセプトみたいな存在がとても重要だと思っています。

マーマーマガジンの裏コンセプトは、「情報ではなくて知恵の本にしよう」ということでした。もっといえば、マーマーマガジンを通して、より自分らしい、より現代的な『暮しの手帖』をつくろう、とひそかに自分自身の情熱に薪をくべていたのです。

わたしは創刊準備の頃、本当に本当に、アイデアに行き詰まってしまったことがあって、いきつけの表参道のヘアサロンに、『暮しの手帖』をつくった花森安治さんの写真をもっていって、「この通りのヘアスタイルにしてください」とお願いしたことがあります。美容師さんは、「マシュルームカットってことかな」といって、花森さんそっくりのヘアスタイルに（!）愛らしくカットしてくださいましたが、恥ずかしながらもわたしの中では真剣に、静かに革命の闘志を燃やしていたのです。ヘアスタイルを花森さんにしたくらいで、アイデアが降りてきたとも思えませんが……。でも大真面目に、迷わず、マシュルームカットではりきっていました。

編集者の仕事に就いて、『暮しの手帖』の歴史や花森安治さんについて意識しない人はいないと思います。実際、わたしもページを考える際、大いに影響を受けていました。

特に最初に入った育児雑誌の編集部の編集長Iさんは、思いっきり、『暮しの手帖』を意識して雑誌づくりをしていました。実際、Iさんは、絵も描き、文字も書き、なんでもするジェネラリストで、わたしも編集者とは花森さんであれ、と常々思っていました。

何か迷うと、60年代の『暮しの手帖』を見ました。

リアルタイムで出ている雑誌を見ると影響を受けてしまう気がして、創刊準備の期間見るのは、「遠くのもの」――海外の雑誌か古い雑誌と決めていました。同じ時期に出ている雑誌は、極力見ないようにしていたものです。よく見ていたのは、60年代～70年代の雑誌。植草甚一さんがいた頃の『宝島』、『面白半分』『話の特集』、古い『アンアン』そして『暮しの手帖』です。

『暮しの手帖』が、部数90万部と最高に盛り上がってくる頃ちょうど読者だった方――まるで当時の『暮しの手帖』から抜け出してきたような方――を知っているのですが、つくづく感じていたのは、すばらしい雑誌というのは、人を育てる力があるということです。

彼女が、「ちいさな子どもがいる場所で、テーブルクロスは敷かないようにしていたのよ」と話してくれたことがあります。子どもが引っ張ってしまうからです。親が怒ることになるような種は最初からとっておいてしまおうということ――。こういうちいさなヒントも、『暮しの手帖』を読んでいて学んだ知恵なのだ、と話してくれました。

40歳近く年上のその友人は、まさに『暮しの手帖』を毎号欠かさず読み、シングルマザーとして家事や育児や仕事に励んだ人。服やインテリアの趣味が抜群によくて、頭の回転がものすごく速くて……その人の生きる姿は、いかにもいきいきとしていて、背筋が伸びていて、聡明で自立していて、すてきだった。

『暮しの手帖』から、いかに情報ではなく知恵を得ていたか――彼女の口からよくきいていました。

当初、『暮らしの手帖』でかつて人気だった商品テストにも挑戦したいと思っていたのですが、結局、それは予算の関係で叶わず、自分たちで商品を試して座談会をするという形式になって、掲載することにしました。

自然派宅配野菜の食べ比べにはじまり、自然派シャンプー&ヘアケア、布ナプキンなど、スタッフやわたしのまわりの女性に試してもらって、それを掲載するという企画が生まれたのです。

また、この「商品テスト」マインドは、さらに時を経て、わたし自身が人体実験をするという姿勢にもつながっていきました。

そうした企画のヒントはすべて古い『暮しの手帖』にあったのです。

本家本元が存在するのにずいぶん厚顔な話ですが、でも、マーマーマガジンは、本質的に「現代の『暮しの手帖』であれ」とこころに誓ってつくりはじめました。

知恵に飢えていた

そう、当時わたしは、情報より知恵が必要だ、と強く思っていました。

現代には、情報はたくさんあります。

情報は便利ですけれど……ある意味、わたしにとってはどこか分断された世界というか、受け取ったらその場で終了、というイメージがあります。しかも情報づけになった人は、情報に依存して生きるようになる。そのような、ぶつぶつに途切れた情報ばかりが飽和しているようによく感じていました。

一方知恵は、受けた人が自分らしくアレンジをして、継続して膨らませていくことができる。分断よりも、統合のエネルギーが働いているイメージ。人を自立に導きます。知恵は、何か、広がりをもって何かが育っていくような、そんな感じがします。

しかも人為的な知恵ではなくて、自然の世界にも通底しているような知恵の世界。オーガニックやホリスティックの世界、自然の世界から教えてもらえる、しみじみと人間のいのちを中心とする営みに滋養をもたらす考えの名は、やはり知恵、という気がしていました。

その知恵が極めて新鮮に感じるようになっていました。しかもそれらが伝授される場が本当に少なくなっている——。おびただしい雑誌の山を見て、よくそう感じていました。たくさんの写真と文字が溢れているけれど、わたしの読みたいものはほとんどなかったのです。

いや、雑誌だけではない、現代社会では、知恵の伝授がどんどんなくなってます。たとえば、母や祖母からあたりまえに受け継いできたものを受け継ぐチャンスが本当に少なくなってしまっている。

わたし自身、知恵に飢えていました。自分自身を、またまわりの人やものを活かす知恵を。だから知恵の本をつくりたかったんです。

しかもターゲットは、先に書いた「依子さん」。もっといえば、「現代を生きる魔女のための手帖」にしようと思っていました。

魔女というキーワードは、わたしの中では、こういう意味合いです。

現代社会にうまくなじめないと感じている人、メインストリームには出てきづらい情報を得たい人、自然と調和した暮らしを望む人、目に見えない世界へのシンパシーの高い人、不器用だけれど自分らしく生きたいと思っている人、生きていくための生きた知恵を知りたい人、本質的な豊かさを求めている人、本当の意味でしあわせになりたい人、自立して生きたい人、あたらしい価値観を得たい人、その場その場にあたらしい風を吹かせるパワーのある人、調和的な社会をつくっていくリーダー的存在の人たち——。

そういった人たちが、そうっとマーマーマガジンをあけると、ふだん自分がしみじみと感じていたけれど明文化されていなかった世界観や、あたらしい豊かな知恵が溢れている、そうして、自分が自分自身でよかったんだと背中を押されるような、そんな本にしようとこころに決めていました。

ターゲットは女性。わたしが女性だったことはもちろんありますが、女性のほうが、自然やオーガニックの世界に通じる共感のこころが高いと当時は感じていました。女の人のほうが伝わるのが速いはずって。

マーマーマガジンの5つのモットーは決まりました。

- 環境に配慮した、人道的なファッション
- からだ、こころ、たましいの気づき
- 全体性のあるうつくしさと有機的な生活
- 自然への感受性
- 自分を大切にすることが、近くの誰か、地球を大切にすることにつながっている

ちょっぴり気まじめ？　でも、これらをおもしろく、ワクワクする、いきいきとしたフレッシュな表現でわかりやすく伝えていく。

マーマーマガジンをつくる上で、ずっと軸にしている考え方です。

特に、最後の「自分を大切にすることが、まわりの人や地球環境を大切にすることにつながっている」という考え方は、マーマーマガジンの大切な姿勢のひとつです。

自分自身の幸福こそが、まわりや自然の幸福につながっている。

誰かから、「みれいさんの考えは、ディープエコロジーというものだよ」といわれたことがありますが、エコロジーを声高にあげることなく、人がここちよい生活を選び、本質的に幸福になることを通してしか、本物の環境活動はなりたたないとずっと感じていました。

本当のエコ

最初にものごとを起こすときに、あたりまえすぎることですが、土台づくりが本当に大切です。

一軒の家を建てるにしても、土地をしっかり整え、土台がきちんとしていなければ、いくら土の上にいい家を建てても崩れてしまいます。

何を成すにも同じだと思いますが、「形」を早く見たいと逸る気持ちをいかに押さえて、土台づくり、準備や段取りに時間を使えるかがその後に続く歴史に対して勝負の分かれ目といってもいいように思います。段取りがすべてを決めていっているといってもいい過ぎではありません。

雑誌づくりも同じです。

もちろんクライアントさんと決めた日程もありますし、わたしの人件費だってタダではないのだから、急ぐ必要がありましたが、でも与えられた日数の中で、決して焦らず、コンセプトづくりにじっくり時間をかけました。

そうして、どんな本にしたいかをとことん考えたら、薄くて、すみずみまで読めて（読み飛ばすページがなくて）、ハンディなサイズで……と本のサイズ感なども自然に決まっていきました。たましいができあがると、おのずと肉体もかたちづくられるんだと思います。

せっかく環境に配慮した……といっているのだからできる限り、「エコな雑誌」を有言実行しようと思いました。すみずみまで読める量に、というのは、当初からとても意識したことでした。

そうして、決して断裁されない本を、とも決めていたんです。

紙をエコ紙に、インクを環境に配慮したインクに、ということももちろん大切なことですけれど、一冊一冊の本が、本当に読者にしっかりと読まれて、捨てられない本にしたかったのです。保存したくなって、また時を経て読んでも、古くならない本。

それこそがエコだと考えました。

いつものおしゃべりから

今思い出しても、クライアントさんたち……同じくらいの年齢の女性たち3~4人と編集会議と銘打って、わいわい話すのはとにかくたのしいことでした。

当時は、すごくおしゃれなヨガの先生とか、おもしろい情報や知恵を分けてくれる人がまわりによく集まっていて、そんな仲間たちと、ただお茶するだけで、次はこの人にインタビューしようとか、こんな特集やってみようとか自然に決まっていったように思います。

ごくごく最初の頃だけ、オーガニックやエコロジー関連に詳しい方々に集まっていただいてお話をうかがったりもしましたが、そういういわゆる会議的なものよりも、夜、代々木上原にあるオーガニックやベジの料理を出すカフェなんかに行って、音楽を聴きながら、そこに来る人と話をするほうが、新鮮なヒントを拾えたように思います。

最終的にものすごく影響を受けたのは、当時『スペクテイター』に掲載されていたロンドンの最新雑誌事情の記事でした。

そこに、某航空会社の、とってもクールな機内誌の紹介があったのです。

茶色い紙に、写真は基本なし。すべてイラストで、2色刷りです。

表紙には、金色の箔押しで、文字がしたためられてあって!

薄さ、大きさ、たたずまい……すべてが完璧にクールでした。

わたしのこころには、いつもこの雑誌のイメージがありました。

実際クライアントさんと話を進めるにつれ、当初のイメージからは少し違ったものになっていきましたが……もっとスノッブな本にしようと思っていたんです……でも結果、とてもチャーミングでキュートな本になりました。

まあ、それが自分らしいということでもあったのかもしれません。

どう動いても、自分自身を発露するしかないし、それが結果、うまくいくのだと思います。「頭」で考えているより「からだ」がすることのほうが進んでいて、きっと賢いのかも。とにかく、ああだこうだこねくりまわしても、「自分自身」のもっているもので勝負するしかありません。

オリジナルって、純粋に、何もかも自分の中から出てくるものではないと思うのです。

過去に存在するあまたあるものを自分が吸収して、その上で、ほんの少しだけ「発明」ができる。そうしてオリジナルって完成すると思っています。

もともともっていたコンセプト、好きだった雑誌、この企画に合いそうなデザイン、そうしてちょっぴり進んでいる友人たちとの会話から、あたらしい、そしてわたしらしいオリジナルは生まれていきました。

本物の雑誌をめざす

当時、本を読む前と、本を読んだあとでは、人間が変わっているような本づくりをしたいとそればかりを思っていました。

本物はみんなそうだと思うんです。

すばらしいお芝居を観る前と観たあとでは、ほんの少しの違いかもしれませんが、でも、違う人間になっているんですよね。

「もう明日死のうかな」と思っている人が、マーマーマガジンをふと開いて、何か記事を読んで、自分自身のことを受け容れられて、認められて、「まあ、死ぬのはちょっとやめようかな」と思えるような雑誌でありたい。

読んだあとと、その人自身に何か決定的な変化が起こるもの、行動が変わるもの、その人がもっている本来のうつくしい部分が引き出されるようなものこそつくりたかった。そこに気持ちを集中させていきました。

創刊準備号は、それはそれは大変でした。マーマーマガジンをつくる上でもっとも大変だった号です。創刊までこぎつけないのではないかと思うできごとがいくつもありました。うまくいかないことが続いて青山通りを、ぼろぼろと大泣きしながら歩いたこともあります。

忘れもしない、2008年の元旦は、クライアント側の担当のKさん、創刊準備号のADを担当してくれたMさん、そして、わたしの3人でデザイナーのMさんの事務所へ行って表紙の絵を描きました。表紙について、けんけんごうごう、あれこれ話し合ったあげく、3人で、りんごの絵を描くことにしたのです。わたし以外は、美術の勉強をしてきたふたりです。上手さのレベルが違いすぎましたが、それぞれの絵が、表紙、中面と採用されることになりました。

その年何を思ったか東京マラソン（10キロ）に出場することになった折には、全身に、マーマーマガジンのロゴと創刊のおしらせを貼り付けて走りました。これまたなぜかは、わからないのですが、創刊号のデザインをすることになるFさんと、出場直前に出合い、お互い岐阜の美濃市出身だということがわかって、Fさんに美濃市のロゴも出力してもらって、それも貼り付けて走ったのも今思えば、不思議なご縁です（今、編集部は岐阜県美濃市にあります）。

とにかく、まだ、関係者以外、誰も知らない雑誌をただただ、これからつくっていくんだと、そのことで胸がいっぱいでした。24時間どころか25時間、26時間と、そう、夢の中までも、マーマーマガジンのことだけを考えていました。夜中に、何か、意味もわからずおそろしくなって、がばっと飛び起きた日も1日や2日ではありません。

そんな創刊準備号は、本当にそっと発売がはじまりました。誰も知らない山奥の日の当たらない原っぱで、ちいさな野草が花を咲かせるがごとく——。だから、今でも創刊準備号からもっているという方に出合うと、両手を強く握ってぶんぶんと振りたいくらい、ありがたい気持ちになります。

当時、クライアント先のショップが全国に11店舗あり、そこにまず置かれることになりました。

続けて創刊号は、その2か月後、２００８年の4月に発刊しました。

特集は、フジコ・ヘミングさんのワードローブ。フジコさんの意識がいきいきと息づく服の世界を表現しました。

創刊準備号が出る前に、フランスにいるフジコ・ヘミングさんにお手紙を書いたんです。マーマーマガジンのこと、なぜこの雑誌を創刊するのか、どうしてフジコさんに出ていただきたいか——。ギャランティも、精一杯、お支払いできるようクライアントさんを説得し、出していただけることとなりました。

マーマーマガジンなど誰も知らない頃のことです。世界的に活躍する、大人気のフジコさんが果たして、名もなきちいさな雑誌に出てくださるということがあるのだろうか——。精一杯、お手紙を書くことだけがわたしにできることでした。結果は、ご存じの方も多いと思いますが、オッケーでした。なんと、ラッキーなのでしょうか！

パリのご自宅を見せてくださるとのこと。もう、もう、もう、もう、どんなにうれしく、感激して、とびあがったことか！　フジコさんが登場してくださるというお返事をいただいた瞬間、マーマーマガジンは成功する、とひそかに確信しました。

フジコさんにご登場いただいたわけは、わたしがもっとも苦しいときに、よくDVDを見て、心底なぐさめられていたからです。ご自身らしい服の着こなし、何よりフジコさんの生き方がダイレクトに表現されたそのスタイルを紹介することは、マーマーマガジンの姿勢を表現する上でも、最高のコンテンツだと自負していました。

創刊号は全40ページ。「雑誌」というよりは「冊子」の分量でしたが、それでも、わたしが一ページ一ページ愛情を込められる、当時としてはマックスの分量でした。

年間に何号出すか、1冊の分量をどうするかは、とてもとても大切なことでした。

予算から逆算して1年に何号出せるかまず算出しました。さらには、わたし自身がいつも枯渇することなくコンテンツを出し続けられる分量、号数に決定しました。隔月刊も考えましたが、結果、年4号となりました。

これが、自分自身が考える「読む前と読んだあととでは人が変わっていること」を実現できるマックスの分量だったのです。これ以上だった場合、現実的な量として、そこまでこころを尽くせなかったと思います。

結局、部数としては、創刊準備号は5000冊、創刊号も同じくらい、発刊しました。現在、1万部を売り切るのだって、大変な時代です。「たったそれくらい」と見るか、「そんなにたくさん」と見るかは、本をどう見るかによって違いますが、感覚としては大手出版社から出す際の書籍の最低部数というイメージです。

書店営業については、当時フリーランスで書店営業をしていたKYさんにお願いをして、できる限り、マーマーマガジンに合いそうなお店に置いてもらうことができました。当初何店だったか……おそらく、11のブランドショップ以外は、書店は10とか20とかからのスタートだったと思いますが、とにかくありがたかったです。

マーマーマガジンはこうして静かにお洋服屋さんと書店とで置かれはじめました。

あきらめの境地

さて、売れ行きはどうだったのでしょうか？

売れ行きは……結果からいうと、惨敗でした。

前に大失敗した雑誌の創刊で懲りていたはずでしたが、雑誌の世界についてよくわかっていなかったのです。なんと……。

書店の棚を見ればわかります。

大きな編集部、人数のいる営業、取次業者が存在がする独特の出版界のシステム――。

そういう何もかもが積み重なって、あの雑誌のコーナーはできているのです。

出版社でもない、営業にもほとんど力をかけられない、取次も通していない、雑誌を売るノウハウもない……あるのは全国11店舗のブランド直営店、そして、わずかに営業した書店さんだけ。

創刊準備号からしばらくは、書店さんへの納品も自分で行っていました。

納品をして、担当者さんのお顔を見て、とにかくお願いするしかなかった。

創刊準備号５０００部は、正直刷り過ぎたと思いました。

数の感覚がぜんぜんわかっていなかったんです。

5000部を刷って、どうせ売ることができないのだったら、準備号だけは無料で配ればよかった。どうしてそういうことも思いつかなかったのでしょうか！

ああ、これは前の雑誌みたいに、2号か3号で終わるな、と思いました。

あいかわらずの計画ミスです。

おもしろい、と思うものをただつくればいいというものでもない、と思いました。

売ることについて、とことん素人でしたし、何より素人なりにも工夫することを怠っていました。情けないことに編集することで精一杯でした。

あと、2号か3号、とにかく契約は1年とりつけていましたから、この頃は、せいぜい、そのクライアントさんに迷惑がかからないように、やれることはやろう、という感じでした。

困ると、モモ爺さんに電話です。

「ふぉっ、ふぉっ、ふぉっ、完全なものをつくったら、次から大変だよ～。次号で休刊！そんな気持ちでね～」とあいかわらず陽気……。ふう。

でも、まあ、いっか！　とわたしも、このときばかりは、もうどうとでもなれ、というやぶれかぶれの気持ちでいました。くよくよして本が売れるくらいならいくらでもくよくよします。でもくよくよしたって何の得にもなりません。

失敗したら元のフリーランスのライターや編集者にいつでも戻ればいいんだと思っていました。ライターの仕事もフリーランスの編集の仕事も大好きだったのです。

あきらめ120%、開き直り全開の自分がいました。

やぶれかぶれの自分は、潔い自分でもありました。

デジタルを味方に

マーマーマガジンは創刊当初から、とにかく薄い本でした。

わたし自身もやりきれるため。いつでも、載せたいものがありすぎて溢れてしまうほどフレッシュな企画で満載の本にするためでもありましたが、何より、読み切ってもらいたかったんです。これまでとは「違う雑誌に」と思っていました。ちいさくとも自分らしい発明をしたかったんです。

創刊準備号は、たったの32ページ。創刊号は40ページ。

今だに、64ページとか、多くて80ページと薄い雑誌というか冊子です。

しかも年4回。

そう、それはそれで問題もあるのです。

これでは読者さんに忘れられると思いました。

そこで考えたのが、「マーマーな☆ダイアリー」というブログの更新でした。

ブログならば、たくさんの予算は必要なく、わたしがひとりで、すぐにアップすることができます。ある時期はぼちぼちと更新していましたが、あるときから毎日書こうと決めて、できる限り更新しました。

当初マーマーマガジンの制作は、基本ひとりきりでした。

外部のライターさんに執筆をお願いすることもありましたし、編集部にはアルバイトさんに来てもらうことも以前よりはできるようになっていました。

ただ、年4回の発刊とはいえ、創刊当時は本当に忙しかったです。徹夜しても体力が続かないことがわかっていたから、どうしようもないときはともかく、基本朝型に変えて生活をしていました。

朝の6時、7時から机にかじりついている、なんてこともしょっちゅうでした。まだフリーランスの仕事も並行して行ってもいましたし、そんな中、土日以外の毎日、ブログを更新するって、なかなかの労力でしたが、それでもブログを続けられたのは、わたしにとってもマーマーマガジンの読者さんは、「まだ見ぬ友」だったからだと思います。

当時、過去の人間関係をほとんど清算してしまって、友だちと会ってしゃべる、みたいなことは、日々の生活で皆無でした。だから、ブログに向かって何かお話しするのは、自分にとってもとてもありがたい、たのしいことだったのです。

このブログがおかげさまで、のちのち、マーマーマガジンと読者さんをつなぐ、本当に有効なツールとなりました。

最初の日は忘れもしないアクセス数は12。

でも、わたしが知る限り、定期的な更新を終えた2013年夏までの最高のアクセス数は、1日1万2000〜1万3000ほどになりました。約5年の間コツコツ毎日続けることで、読者さんの数が増えていったことに手応えを感じていました。

インターネットという存在がなかったら、マーマーマガジンの成功は、しみじみなかったなと痛感しています。

マーマーマガジンは、ものすごく「アナログ」な感覚を大切にした雑誌です。でも、一方で、そういった「デジタル」の世界に、とても支えられてきました。その発端が、このブログの存在でした。

マーマーマガジンの何か文体のようなものも、ネットやブログの存在に大きく影響を受けたように思います。

はつらつとしていて、でもどこかにおかしみがあるような文体。

ブログを通して、どんどん、そんな世界観を、読者の方々と共有するようになっていきました。

のちには、ツイッターやユーストリーム、メルマガといった媒体も、どんどん利用するようにしていきました。

お金はどこから

ところで、わたしはなぜ、一般的な出版社ではなくて、アパレルメーカーに、雑誌創刊の話をもっていったのでしょうか？

当時、わたしはこう考えていました。

出版社に雑誌の企画などをもっていっても、まずもって、ものすごく時間がかかる。しかも出版社には、わたしよりも優秀な編集者がごまんといて、日々、おもしろい企画を出したり、話し合ったりしている。そんな中では、雑誌を出せる頃にはおばあちゃんになっちゃう！と思っていたんです。

いや、本当のことをいうと、とにかく自信がなかったんです。

マーマーマガジンが、つくる上で、もうひとつ重要な存在だったのが、大橋歩さんの『アルネ』です。ひとりの人物が、ひとつの雑誌を個人的視点でやりきる。薄くて何もかも読んでしまう。すごくいいアイデアだと思いました。『アルネ』の存在がなかったら、マーマーマガジンはやっぱりつくることはできませんでした。ただ、わたしは、大橋さんのように一般的に知られた人間ではありません。つくりをよく工夫する必要があると思いました。

一方、マーマーマガジンの制作費や制作の形という点で参考にしたのは、資生堂が発行している『花椿』です。わたしは、『花椿』も一読者として大好きでした。

1社とだけのやりとりなら、広告代理店をはさまずとも、自分ひとりで対応できると考えたのです。逆に、その会社に自分が入り込んで、でも企業誌でもなく、一般誌として発信しながら、そのクライアントさん、ブランドさんの企業がこの本づくりをすることによって環境活動に寄与できる。もちろん、読者の方々への企業の宣伝にもなる。読者の方々をたのしませながら、です。

ひとつの味でいくつもおいしい、というシステムをつくりたいと思っていました。「自然」って何でもそうだと思うのですが、ひとつの木がいくつもの役割を果たすように、雑誌という存在にも幾重もの意味がある、というのが好きでした。

通常、ファッション誌に広告を出すと、ページ数にもよりますし、その雑誌によってもちろん金額は違うのですが、数ページだけでも、何百万円とかかります。わたしは、マーマーマガジンをつくる際、その1号にたった数ページ出す広告の料金で、1冊のちいさな本がつくれますよ、とプレゼンしたのです。

自分が自信満々だったらきっとどこか出版社にプレゼンしていたと思いますから、自信がないのも時には役に立つんですネ。

たまたまドアをノックしたアパレルメーカーもあたらしい宣伝方法を探していたし、マーマーマガジンを発行することになったブランドは、あたらしい切り口や文化事業への取り組みを求めていました。

本来は、『暮しの手帖』のように広告なしで、独自で経済がまわっていることが表現の自由を考えてもベストだとは思っていましたが、わたしが思いつく限り、自分の実力で雑誌をつくるとっかかりがあるとすれば、1社提供で、ダイレクトに、内部にわたしが入ってやりとりする、というアイデアしかなかったのです。

つくづく、このアイデアは、やっぱり自分に合っていました。

プレゼンをしたのがリーマンショックの約1年前。

何もかもがラッキーだったし、機は充分に熟していました。

形が見えてきた

2号目は、「オーガニックコットン」を特集しました。

オーガニックコットンとは、農薬を3年以上使っていない土地で、無農薬で育てられたコットンのこと。

インドなど、一般的な綿花畑では、大量の農薬が散布されて（時に飛行機で！）、農民は、何週間もその農地に入れないほど、農薬汚染が激しいと聞きました。

現地によく行く人の話では、おそらく薬害が原因だろうという深刻な病気もとても多く、また、農薬を買うための借金苦で自殺をする農家さんが多いことも取材をするうちにわかっていきました。

この2号も含めて最初の数号は、本の出来という点では未熟なところばかりなのですが、のちのマーマーマガジンの姿勢をつくっていくために、大切な号ばかりでした。パンクバンドのアルバムが、初期のほうがかっこいいみたいな感じで——。

この号からは、松浦弥太郎さんに連載をおねがいしたり、インタビューページに、アリシア・ベイ＝ローレルさんにご登場いただいたりと、だんだんと「マーマーマガジンはこうかな」という形が見えはじめていたように思います。

表紙もアリシアさんに描きおろしをしていただいて、『地球の上に生きる』の大ファンだったわたしは、当時、もう、興奮しっぱなしでした。

この号を制作している頃から、自宅兼事務所だったのをやめて、表参道ヒルズの裏手にあるちいさなアパートに編集部を設けました。

1階に愛らしい北欧雑貨のお店がある古い古いアパート。

階段をあがる途中に木枠の窓があって、それがあまりにかわいらしくて、そこに決めました。

自宅とは別に家賃、払っていけるかしら……と最初は不安でしたけれど、たまたま編集部の机を変則的に貸すことでお金を払ってくれる人も現れて、なんとかなっていったんです。

読者はがきも、1枚、2枚と編集部に届きはじめました。

当時、うれしくてうれしくて、読者はがきをみつけて読むたびに涙がこぼれました。2階にあった編集部にもってあがる間も待てないほどで、ポストの前に立ち尽くして読んでしまうくらいでした。自信がなくなると、読者はがきを何度も読み返しました。もう、わたしは、孤独ではありませんでした。

3号目は、「刺繍」の特集。創刊準備号から登場してもらっていた、東野翠れんさんにモデルになっていただいて、写真家のホンマタカシさんに撮影をしていただきました。スタイリングは、轟木節子さん。撮影の日は、すごく緊張したけれど、愛らしい、かわいいページができて、あのときも本当にうれしかったです。

銀座にある古い喫茶店でロケをしたのですが、撮影はものすごい緊張感がありました。ホンマさんがカメラをむけると空気がさあっと別のものになる感じ。しんとした森の空気みたいに。それでいて息ができなくなってしまうくらい張りつめるんです。でも、その時間もあっという間に終わってしまって、翠れんさん、節子さん、ホンマさんと、のんびりお茶をしたのもいい思い出です。

表紙も、職人的な世界を表現したくて刺繍したものをわざわざ撮影したりして、とにかく自分が思いついてできる工夫はなんでもしました。

部数は、このときどれくらい出ていたのか……具体的な数字は思い出せませんが、まだまだマーマーマガジンは倉庫でたっぷり余っていたと思います。

それでも、この頃から、これはひょっとするともうしばらく続けられるかもしれないと手応えを感じはじめていました。

編集会議は、クライアントさんのところでわいわいと数名で行うのですが、実務をする編集部には、あいかわらず、基本、わたしひとり。

アルバイトの若い女の子が週に何日か来てくれる、というのが主なメンバーでした。

表参道の裏手は、けっこう住宅街なのですが、そんなひっそりとした時間の中、アルバイトさんと長岡式酵素玄米を炊いて食べたりして、あの頃は、忙しいながらも、まだまだおっとりと仕事をしていたように思います。

このあと、忙しさの質がどんどん変わっていくのです。

雑誌は飽きる

あるとき、『クイック・ジャパン』を創った編集者の赤田祐一さんと鼎談をする機会があって、「雑誌をつくっていると飽きるんだよね……」と、おっしゃっていたのですが、その気持ち、本当によくわかります。

わたしも元来飽きっぽいタイプで、同じことの繰り返しがとても苦手。同じ場所に同じ時間に出社する、というようなサラリーマン的な働きかたがまったくできないのです。

そのかわり安定した収入がなくてもいいから、自分で、いつもおもしろいなと思うこと、新鮮だなと思うことを追っていたいという感じ。「やらされて仕事をする」のが我慢ならないのです。「やらされる」くらいなら、その仕事のおもしろい部分を見つけてワクワクしてやりたい。フリーランス時代は注文を受けて制作するわけですが、不思議と「やらされている」と思ったことは一度もありませんでした。嬉々として仕事をするのが好きなんです。

子どもの頃、わたしはよく体育委員や放送部員、生徒会の役員を買ってでてやっていたのですが、それも、何もそういったことをやりたいがためではなくて、体育の時間に体操をするとき体操させられたり、また朝礼などで並ばされてじっと話を聞いたりするのが心底いやだったからです。

自分が体育委員などになってしまえば、自分が用意する側になれる。積極的にその時間にコミットできる。そういう時間の過ごし方が昔から好きでした。そういう自分でいられるように、何か自分なりに工夫をして仕事をしてきたような気がします。

創刊準備号はMさん、創刊〜3号はFさんがデザインを担当してくださいました。

この4号分で、わたしはあるエネルギー、出産のエネルギーとでもいうようなパワーを使い果たしたのだと思います。

Fさんとよく話し合って、3号目でFさんとは仕事を終えることになりました。

そう、デザイナーさんを変更することにしたのです。

Fさんは、当時わたしが注文する無理難題を一緒になって全力で考えてくださったし、今でも創刊号から3号がとても好きだといってくださるファンの方もいるのですが、この時期、エネルギーを込めるだけ込めて……おそらく何号にも匹敵する力を注いだのだと思います。

自然に次の季節がやってきました。

4号目からは、東野翠れんさんが、「ものすごく変わった人だけれど、みれいさんとました。

すごく合うと思う」と紹介してくれたNさんにデザインを担当していただくことになり

赤田さんは、「服部さんは、デザイナーを変えることで、雑誌づくりに飽きてくる気持ちを調整していると思う」とおっしゃっていて、「ああ、そうか、そうかもしれない」とそのときはじめて感じたのですが、確かにわたし自身が、新鮮な気持ちでつくり続けるためのわたしなりの工夫は、デザインを変えていく、違うメンバーと本づくりをするということだったのかと思います。

デザイナーさんがNさんに変わって最初の号は、4号目。

レイチェル・カーソン、ステラ・マッカートニー、ローズの魅力（フラワーエッセンスやアロマオイルの特集）、といったものを取り上げました。

レイチェル・カーソンについては、『センス・オブ・ワンダー』を翻訳した上遠恵子さんをインタビューしました。いよいよ4号で、わかりやすく、やさしく、環境問題について紹介するチャンスが来たのです。そろそろ硬派なコンテンツが来ても大丈夫そう、と判断しました。硬派な中でも、『沈黙の春』を書いたレイチェル・カーソンの紹介は、あまりにマーマーマガジンにぴったりだと感じていました。何か、女性らしい感覚で、また清潔な感覚をもって、エコについて紹介するのにぴったりだったのです。

ファッションは、ステラ・マッカートニーの服を、数名の女性たちが実際に取り組んにすごく好きだったこともありますし、彼女自身が、環境問題やからだについてとても目覚めた意識をもっていて、そういった態度みたいなものもファッションとともに紹介したかった。

そしてローズの特集です。

わたしがずっとやりたかったマーサ・スチュワートの雑誌『Living』みたいな撮影に成功しました。

今となっては、クールな暮らし系の表現も存在しますが、ちょっとスノッブに、クールに、でもどこか愛らしく、生活系のことを紹介したページは、まだまだ当時はみあたりませんでした。

それに、「ホ・オポノポノ」のわたしの体験談も載せました。

雑誌って、少なくとも3つは、読みたいか、保存したいコンテンツがないと、人は買うにいたらないと思います。最低3つは必要。その3つのうちのひとつは、写真1枚すばらしいというだけでもよいのですが、とにかく、複数のフックがあって、それを保存したいというふうに思わないと人は購買までいたりません。

4号は、そのバランスも含めて、ようやく、わたしの考える雑誌の形になってきた、と感じました。

とにもかくにも、一気に春になった！みたいな号だったのを記憶しています。表紙もルドゥーテが描いたローズで可憐な一冊がしあがりました。

ようやく4号目にして、自分らしい本ができあがった、マーマーマガジンのたましいはこんな感じというのがほぼ完成した、としみじみ思ったのをよく覚えています。

デザイナーのNさんは、エディトリアルデザインにとても強く、また号が終わるごとにわたしにダメ出しをするのですが、毒舌を吐く人に悪人なし。Nさんにはいつも鼓舞されて、マーマーマガジンを続けていけたことにNさんの存在は本当に大きいです。「服部さん、4、5号つくったくらいで雑誌つくってると思ったら大間違いですよ。100号くらいつくってようやく雑誌つくったっていえるんですよ」。Nさんにそういわれるたびに、「よっしゃ、100号つくってやる」といつも闘志を燃やしていました。単純……。飽きっぽいくせに……。

創刊して1年の月日が経っていました。

自分にしかできないことを

マーマーマガジンは次の5号で、大きく売れるようになりました。

時は、2009年の夏。

夏の特集に、「冷えとり健康法とファッション」をあてました。

今思っても、よくあの特集ができたと思うし、また「冷えとり健康法」というコンテンツをよく夏にもってくることができたなと思います。

忘れもしない、クライアント先の社長さんであったKさんが、ひとことおっしゃってくださったんです。

「せっかくなんだから、マーマーマガジンしかできないことをしたら？」って。

創刊号などでも、冷えとり健康法はそっと紹介はしていました。

でも、大々的に特集となると……いくらなんでもマニアックすぎるでしょう！と自分自身にツッコミすぎてしまい、やるならもう少し先だと思っていたのです。

でも、会社を大きくしてきた社長さんの目はさすがでした。

この号が、本当に、大きくヒットしたのです。記憶が正しければ、2回か3回は、増刷したと思います。

表紙は、レモン。図鑑などのお仕事の多い河野修宏さんとのはじめてのお仕事でした。

その号で紹介した「ホ・オポノポノ」というハワイの伝統的な浄化法に基づいて、レモンを選びました。

しかも、この号は、実はその後にマーマーマガジン、またわたし自身をも大きく飛躍させる「種」となったのです。

種となったのは、そう、「冷えとり健康法」の存在でした。

当時、わたしは、冷えとり健康法で必要となる絹や綿のソックスをSさんという方から購入していました。100％天然の絹や綿のソックス、ましてや5本指のソックスなんて当時売っているところが限られていたんです。

何度かまとめ買いするうちに、まわりの友人たちがわたしからその珍しいソックスを買うようになりました。

いつしかわたしも友人、知人ぶんをまとめ買いするように——。

そうしたら、Sさんから、「みれいさんも靴下を売ってはどうですか？」と打診されたのです。滅相もない、と思いました。

在庫をもつ仕事は性に合わない、と思っていたんです。編集者は、取材をして雑誌をつくります。材料を外からとってきます。その身軽さが好きでした。でも、在庫をもったら、自分が重くなる気がして半年以上ずっとお断りしていたのです。

そうしたら、どうです！　突然、編集部に靴下を買いにくる読者の方が登場しはじめたのです。「会社の昼休みに買いに来ました」って。どういうこと⁉

これには閉口しました。

大切な読者さんです。しかも冷えとりをしたいということは、からだが不調だったり、さらに体調をよくしたいという思いがあるからのこと。買い置きの靴下があるときはそれを譲らせていただいて、ないときはSさんのショップを紹介しました。Sさんにはあいかわらず靴下を売ったら?といわれます。うーん。靴下の販売ね……。

でも、こういうときって、何か流れがあるのですね。

ひょんなことから、ちょうどアルバイトさんが辞めるタイミングで友人がヘルプで入ってくれることになり、かつ、その人が充分に収入が得られるようにと、とうとうネットショップをはじめることになってしまったんです。

今考えても、不思議な話。

しかも、その友人はその後これまた急に、うちの仕事を辞めることになってしまって、大騒動になりました。冷えとり用のソックスを売る一方で、ネットショップはそれなりに動きはじめてしまったし、結果、階下の北欧雑貨の店主であったEさんに頼みこんで、ご自身の仕事が終わったあと手伝ってもらうこととなりました。夜19時以降、靴下の送付をはじめたのです。

Eさんとは、わたしが原稿に煮詰まると話し相手になってもらったり、わたしのブログ用の撮影の手伝いをしてもらったりして、友人のように仲良くさせていただいていたんです。あの頃はとくに手厚く助けてくれました。

Eさんができなくなると、今度はEさんの友人のMさんが、うちのお手伝いを買って出てくれました。なんというラッキーな話。とんとん拍子でものごとが進んでいきました。

あの頃のことは、本当に、おとぎ話みたいです。

困ることが起きても、次から次から解決策がやってくるんです。

実はマーマーマガジンがいよいよ本格的に知られるようになるこの頃、モモ爺さんが亡くなりました。いつもあたたかく、やさしく支えてくれたみんなにとっての「はどき屋」モモ爺さんが――。あの頃の「不思議」の連続は、モモ爺が天国から手助けしたとしか思えません。「みれいちゃんは、もうひとりでがんばれるよ」って。

「悲喜こもごも」のそれは激しい毎日でしたが、そんなメッセージが込められているかのようなできごとが続いていきました。

冷えとりの本の大ヒット

ネットショップの開店当時は、わたしも、お客様おひとりおひとりにお手紙を書いたり、商品を包んだりしていました。

はじめてのお店です。

在庫をもつのはいやだなんていいながら、はじまってしまうとおもしろいもので、ショップの運営にも夢中になっていきました。

本当にわずかずつしか仕入れできませんでしたが、それでも、1日に5件でも6件でも売れるとうれしく、5号で特集した冷えとり健康法が読者の方々に伝わっていって、そうして、本当にその方々が、ご自身の力で健康を取り戻していく。その現実がうれしくてたまりませんでした。

自分の手から直接読者の方へ、「最高にいい」と自信をもって思える商品を届けられるのも最高の気分でした。

かつてオーガニックの商社を取材したときに、担当の方がいっておられた「オーガニックの世界は本当にストレスがない。クレームなどほぼ皆無。お客さんもとぎれることがない。しかも良心的なお客さんばかり」を痛感するようになっていったのです。

マーマーマガジンの版元かつクライアントさんとも、天然素材のインナーなどを開発するようになりました。

この頃から本当に、マーマーマガジンは活気づいていきました。

わたし自身への取材のオファーもどんどん増えていきました。そんな中、ある書籍の企画の依頼があったのです。

「冷えとり健康法とファッション」を一冊にできないか、という企画でした。

とてもいいアイデア！

すぐにのりました。すごい勢いでラフを描き、ラフを見たときに、その場にいたライターさんや、その本の担当編集者でのちにマーマーマガジン編集部に入社することになるAさんと、「この本は売れる！」といい合ったのを昨日のことのように思い出します。

マーマーマガジンの特集だった「冷えとり健康法とファッション」は、ぶじ、『冷えとりガールのスタイルブック』という本になりました。

出版社のお偉方（男性）の中では、「ガールって誰なんだ！」「何歳までをガールというんだ！」と散々な意見が出ていたようですが、版元担当者のAさんがそれは踏ん張ってくれて、とてもチャーミングな編集長Eさん（当時50歳台後半）を指して、「Eさんだって冷えとりガールです！」といったら、企画が通ったという逸話もあります。

この本が、びっくりするほど売れたのです。

「冷えとり健康法」が、とても注目されるようになりました。

もとはといえば、わたし自身が、自分のからだの治癒のために、また、編集長という仕事を元気に継続していくためのからだづくりの一環として、ちょうど、創刊準備の頃からはじめていた健康法です。

半身浴や足湯をして下半身をあたためたり、絹や綿、ウールなどの靴下を何枚も重ねばきしたりします。いってみたら頭寒足熱をこころがけて、血と気の巡りをよくする、というもの。わたし自身は、とても自然と調和する考え方だし、自然の道理に叶っていて、その健康法が気に入っていましたけれど、さすがに当時はややマニアックと感じていたし、大手の出版社から出て、一般的な読者の方々にウケるとは思っていなかったんです。

ところが、ウケました。

結果、マーマーマガジン編集部のネットショップで靴下やインナーが、爆発的に売れることとなりました。

売れすぎないようにする

マーマーマガジンは、その後も6号、7号、8号、9号と快調に号を重ね続けていました。オーガニックデニムを主軸にした2度目の「オーガニックコットン」特集、漫画家・しまおまほちゃんのご両親、島尾伸三さん・潮田登久子さんのインタビューを中心とした「結婚ってなんだろう?」特集、男性のライター陣に依頼してつくった「地球の上に生きる」ティップス特集、本屋さん特集などなど……。

マーマーマガジンは充分に売れるようになりました。5号以外の号も増刷がかかるようになっていったのです。もちろん倉庫に余っていた在庫も少しずつ減っていきました。

一方で、売りすぎないように、とも決めていました。

現代って、なんでもものってたくさん売れたほうがいいに決まっている！という風潮が主流だとは思いますが、マーマーマガジンに関してはそうは思ってなかったんです。

この雑誌は、2万部くらいが雑誌の個性からしても適正で、最高でも3万部。それを超えないように、と思っていました。増刷をしても3万部を上限として、完売としていました。当時、広告代理店からのお問い合わせもひっきりなしで、拡大する方向もそれなりにあったとは思います。でも、わたしは「とにかく2万部、売れても3万部まで」を腹に据えて編集していたんです。

自分自身がたのしいまま、「やらなければならない仕事」に決してならない範囲で編集できる部数だったし、フレッシュな気持ちでアグレッシブに取り組める内容をキープするには、3万部がマックスだと感じていたのです。

読者の方々と充分に意思疎通をする部数としても――。

「ベストセラーより、ロングセラー」が合言葉でした。

2万部程度をコンスタントに出し続けることは、ちいさな出版社としては経営的にも表現の上でも、守られることが多いように現在でも感じています。

一方、ネットショップは、とにかく多いときで発送1000人待ちでした。

靴下の生産が追いつかないのです。

生産量を増やしてほしいとお願いをしにいったこともありました（自分はたくさん刷らないといっておいてずいぶん酷い話です）。

ところが、それはしない、とのお返事。

今なら、その業者さんが大きくされなかったことの意味がよくわかります。

結局、急激にブームになったものって急激に衰退してしまう。本気でやりたい人が、継続してくれるほうが、実際実りがあるし、関わる者にもストレスがありません。

今となっては状況に振り回されて安易に生産量を増やしてほしいといった自分がとても恥ずかしいです。

お客様にはただ平謝りに謝って、とにかく待ってもいいという方にお売りするという形で、靴下を売っていきました。

これがのちにどういう流れになるか、その当時は知らないまま……。

幸福な編集者

大手の出版社、一般的な大手企業の発想から考えると、2万～3万部をキープなんて本当にかわいい部数、愛らしい規模かもしれません。

わたし自身、編集者としては極めて凡庸な才能だと思いますが、ただ、もし適性があったとすれば、自分自身がもっともいきいきと力を発揮できるサイズ感、しあわせでたのしい規模感を想定して、それをやり遂げるというところにあったのではないかなと思います。

これもあくまでオーガニックやホリスティック、代替医療の世界からヒントを得て着想を得たものですが、ちいさな冊子を年4回、アパレルのクライアントさんと一緒になって創り続けることは、本当にストレスがなく、たのしいことばかりだったのです。

わたしは、マーマーマガジンをつくることで、ふつうの編集者から、幸福な編集者になっていきました。

マーマーマガジンをつくるときに、特に留意したのは、「そもそも雑誌というのはどういう存在なのか」「なぜ雑誌というものが存在するのか」ということを自分なりに考えてみることでした。

世の中一般の、「雑誌とはこんな感じ」（ページ数はこれくらい、表紙は人がこちらを見てにっこり笑っていて……というようなこと）を一旦全部ゼロにして、一から自分で考えてみたのです。

働くということについても同じです。

「そもそもなぜ自分は働くのか」「どういう働き方をしたいのか」「どういう働き方をし

ているとと自分はたのしくて幸福なのか」。そういったことを、自分なりに本当によく考えました。考えて考えて、そうして時期が来るとまた改訂しながら考えました。

その結果が、マーマーマガジンの制作に反映されていきました。

マーマーマガジン創刊準備から数年間は、本当に、よく「自分と打ち合わせ」をしたものです。

新宿御苑に、自分のお気に入りの木があって、その木の下で、ノートを開き、鉛筆をもって、自分自身と向き合うのです。

自分はどういう人間なのか。これまでの人生のバイオリズムは……。

一見、雑誌づくりとは何も関係がなさそうなことですけれど、でも、わたし自身にとってはとても必要なことでした。

その反映がすぐに雑誌にあらわれるわけではないけれど……よく脚本家の方が、登場人物について、あれこれその人の背景を想像してノート一杯にその人の人となりを書くというようなことを聞いたことがありますが、それは仕事の上でも同じだと思います。

自分自身がつくるのだから、できる限り自分というものを知るということが大事だし（これは果てしのない旅ですが……）、また、わたし自身の状態をよりよくキープするということも肝要だと思っていました。

創刊準備をはじめた2007年から、冷えとり健康法をはじめていました。また、瞑想をはじめ、自分自身の心身をキープするために自分に合いそうだと思うものはできる限り取り入れました。食生活もより自分に合うものに変えていきました。

何かをはじめるときって、本当に集中力が必要だと思うんです。努力よりも集中……とわたしの友人がよくいっているのですが、まさに集中する力を持続させるために、わたし自身の状態を常によくするということをマーマーマガジンの創刊以来、本当に大切にするようにしました。

わたし自身の体調が悪ければそれは、誌面にだって反映されるし、わたし自身のこころの状態が曇っていれば、判断が鈍ってくるわけです。

編集という仕事は、どこかユタ的（霊媒師的）な部分があって、さまざまな世の中の才能を、自分という管を通して読者のみなさまにお届けするものだと捉えているのですが、自分という管が曇っていたり、詰まっていたら、相手に届くものも届けられないと思うのです。

とにかくオリンピックを目覚すアスリートのような気持ちで心身を整えました。そうして、自分自身を立ち上げていったのです。結果、それらは、意図していたわけではありませんが、実際のコンテンツになり、編集する本の企画になり、また、のちに自分自身が著者となって本を書くことにもなりました。

こういったことは当初、想像もつかないことでしたが、マーマーマガジンという種から育っていく木、そこに実る果実は、想像もしない豊かさをもって育っていったのでした。それはとてもちいさな木だったけれど、でも、わたしにとっては、すべてが見通せて、ただただ満足な生育状況でした。

やりがいがある、ということを超えて、わたしは本当にしあわせでした。

黒柳徹子さん

マーマーマガジンは、いよいよ10号を迎えようとしていました。

たったの10号！と週刊誌や月刊誌をつくっている方からは笑われてしまいそうですが、創刊して2年の月日が経っていました。

創刊号でフジコ・ヘミングさんが、「おしゃれな人は誰ですか？」の質問に「黒柳徹子さん」と答えてくださったときから、いつか、黒柳徹子さんにインタビューさせていただきたいと熱望していました。

でも、マーマーマガジンなんてよく知られた雑誌ではありません。大手出版社から出ている本でもない。コネクションなどひとつもありません。

うーん。

マーマーマガジンはいつも正攻法しかないのです。

フジコさんのときと同じように、お手紙をしたためました。

どうして、徹子さんに出ていただきたいのか、どうして、インタビューをしたいのか。

ポストに投函するのでさえどきどきしました。

ポストに投函してから、ポストにお祈りもしました（ポストに祈ってもしかたがないのに、もう、祈るしかやることがないという感じだったんです）。

しばらくして、なんとなんと、ご本人から、ファックスでお返事をいただきました。

大げさではなく、15センチくらいとびあがったと思います！

ていねいな文章で、まちがいなくご本人が書かれたのだという内容でした。

なぜ、それがわかったかというと、ご本人の口調そのままの文面だったからです。

いつまで経っても、句点（マル）がやってきません。ひたすら読点（テン）で、文章が続いています。まるで『徹子の部屋』の口調をそのまま読んでいる感じ。

ああ、ああ、このお手紙が、どれだけうれしかったか！　震えました。

「今すぐは、受けられないけれど、よい時期が来たらお話できます」という内容でした。

どんなに勇気づけられてうれしかったか、ことばにできないほどです。

今思えば、徹子さんならではの小誌への励ましも入っていたのかな、と思います。

そのお気持ちも勝手に受けとって本当に本当にうれしかったです。

当初は、黒柳徹子さんのワードローブを見せてほしいというお願いをしましたが、毎年チャリティをなさって衣装などはほとんどなくなってしまうということでしたので、純粋にインタビューをさせていただくことになりました。

日本一のインタビュアーにインタビューする。

こんなにこころが震える、こんなに光栄なことはありませんでした。

夢は実現する

忘れもしないインタビューは、都内某所で行われました。

マーマーマガジンは『面白半分』という60年代の雑誌をオマージュして、インタビューの様子をイラストで描くという方法を当時はとっていました。

イラストで描くことによって、インタビューには掲載しきれない、その人のしぐさであるとか、洋服のディテールであるとか、そういったものが描けて、この方法はなかなかの発明だワ、と思っていました。

イラストは毎号、阿部伸二さんにお願いしていました。

わたしは、阿部さんと2人で黒柳さんを待ちました。

偶然ですが、その場所は、阿部さんが若い頃、生まれてはじめて仕事の面接を受けた場所だったそうです。デザイン会社の面接試験だったそうですが、デザイン会社の人は、阿部さんの絵を見て、この会社に入るのはもったいない、イラストレーターで仕事をなさい、と通告してくれたそうです。

そんな話をしていたら黒柳さんが到着されました。

最初はマネージャーさんが送っていらっしゃいましたけれど、のちにおひとりになって、わたしたちのインタビューを受けてくださいました。

阿部さんは、わたしの隣でずっとスケッチをしてくださっています。

今思い出しても夢のような時間でした。

黒柳さんと対峙して、2時間半~3時間近くお話をうかがうことができたのです。

本当に本当にうれしかった。

マーマーマガジンが大切にしているたましいのようなもの、そのたましいの瑞々しい部分と共通した何かを黒柳さんという存在に感じて、この黒柳さんのご発言であったり、そのお姿であったりを、読者のみなさんにご紹介できるのがうれしくてたまりませんでした。

人間としての清潔さ、豊かさ、わくわくするいのちの躍動のようなもの――。

黒柳さんは、本当に「ガール」そのもの。

いきいきと弾けるいのちのエネルギーを感じました。

阿部さんは、黒柳さんを描けば描くほど少女になっていく！と興奮していました。

その頃、編集部は、JRの原宿駅近く、東郷神社の裏手に引っ越しをしました。マーマーマガジンの制作、靴下の発送、さらにはデザイナーのNさんが、机を置くことになって、手狭になってきたのです。

竹下通りの喧噪がうそのように感じられない静かな事務所でした。

2010年夏は、先に書いた『冷えとりガールのスタイルブック』と、この黒柳さんのロングインタビューが掲載されるマーマーマガジン10号の制作で、本当に休みなく、よく働きました。

編集部は、本の担当のAさん、デザイナーのNさん、なぜかNさんと仕事をしている他社の編集者もしょっちゅう出入りしていました。朝でも夜中でもおかまいなく、誰かがいて仕事をしていました。

編集者のAさんが記事をつくったりゲラに赤字を入れて、デザイナーのNさんに渡すと、Aさんがその場で寝る。デザイナーのNさんは、渡されるとむっくり起き上がって仕事をする。その連続でした。今思ってもよく乗り切ったと思います。

『冷えとりガールのスタイルブック』も黒柳さんの号も、とにかくやり切った、という感じ。

もちろん、本って、できあがっても100%できたと感じることはありません。いまだにそう思うことってありません。いつも30%程度。あとは、「ああすればよかった」「こうすればよかった」と思うことばかりです。

でも、結果、30%程度のできだとしてもやりきったという思いがもてるかどうかは大きいです。

黒柳さんの号ができた日、忘れもしない、某出版社のTさんから電話がかかってきました。

「服部さんっ！　このインタビュー、どうやってとったの⁉」と興奮ぎみ。

「手紙を書きました」とわたし。

「待って。今すぐ行くから！」

Tさんは、電話を切ってタクシーを拾い、15分ほどでやって来ました。

聞けば、Tさんもそうだが、今、黒柳さんにオファーしている出版社がたくさんあって、なかなか、取材や執筆のお願いができないのだ、ということです。だから、なぜ、マーマーマガジンでとれたのか？と聞きに来たわけです。

企画が受け容れられて、時機が許せば、マーマーマガジンのようなちいさな無名の雑誌でも、こうして夢が実現するのです——。

編集や出版の仕事の、ここがおもしろいところだし、無限の可能性があるところだと思っています。

ダメもとで、でも、誠心誠意、お願いをして本当によかった。

そうそう、黒柳さんの取材が終わった夕方、わたしは、ひとり、青山通りを歩いていました。創刊準備の頃は、つらすぎて、泣きながら歩いた青山通りです。

青山学院大学のあたりにさしかかった頃、もう万感の思いで胸がはりさけそうでした。星が出はじめた夜空を見上げて、なんとおもしろいことが人生には起こるのだろうと、世界中の人たち、存在という存在に握手をして、感謝をしたい気持ちでした。

マーマーマガジンが、ここまでわたしを連れてきてくれたのです。

このちいさなメディアは、もう、立派なたましいをもっていました。

ちいさくとも堂々としたたましいで、それはもうわたしからも独立して、うつくしいひとつの光を凛と放ち、わたし自身がその光に包まれていたのです。

読者のみなさんと

マーマーマガジンは、ちいさな規模感ゆえ、宣伝のお金がないゆえに、あいかわらず思いつく工夫は何でもしていました。

ひとつは、先ほどご紹介したブログです。またブログ以外にも、ホームページで、取材のこぼれ話や、独自のコンテンツ、連載などを通して、本誌をフォローしていきました。ホームページでも気を抜くことなく、おもしろい、血の通った記事を載せるよう、気を配りました。ネットのデザインチームとも、本当にいい協力体制をつくることができました。

もうひとつは、リアルに読者さんと会う機会をつくることです。

特に青山ブックセンター本店の方々がとてもよくしてくださり、大きな書棚を設けてくださっただけではなく、奥にあるホールで、マーマーマガジンが出るたびに、読者の方を集めてお話会を開催することができました。

どうしてあんなにトークイベントに人気が出たのか不思議ですが、定員100名以上のところ、たったの数分でチケット売り切れるほど、会はいつも満員御礼でした。お話会といっても、その号その号のトピックスを、ゲストをお招きしてお話ししたり、時にはわたしひとりがお話しさせていただいたり、読者の方からの質問を受けたり……という素朴な会だったのですが、これが、本当にホットな体験でおもしろかった。わたしも読者の方と直接交流できる場があったことがしあわせでした。

今でも、創刊当時から足を運んでくださっていた読者の方をはじめ、全国の読者のみなさんとのやりとりがあります。これまた同窓生みたいな感じ。

つくり手と読者という関係を超えて、もっと深い部分でさりげなくつながっているというような感覚が、本はもちろんのこと、マーマーマガジンの集まりを通じてできていったのです。

マーマーマガジンの特徴をあげるとすれば、非常にリテラシーの高い読者の方々が存在すること、そして読者の方とのこの距離感だと思います。

この本づくりをしていてもっとも誇らしいこと、それは、まぎれもなくこの読者の方々の存在そのものです。

この頃から、マーマーマガジンでは、おもしろいことばが読者の方々から生まれるようになりました。

読者のみなさんのことをマーマーガール、マーマーボーイと呼び出したのはわたしですが、「自主マー」＝マーマーマガジンの集まりに来られない人たちが自主的に集まっておしゃべりすること、「初マー」＝はじめてマーマーマガジンを読むこと、といった具合に、読者さん自身から独自のことばが流布しはじめたのです。

こういう俗称が生まれはじめた頃から、発売日には、オープン前から書店につめかけるファンの方も出はじめました。一日早く手に入れるために、発売日前から書店にお問い合わせする方も……。

わたし自身、子どもの頃、『りぼん』の発売日になると前々日くらいからそわそわして、いちばん早く並ぶお店をチェックしておいて、買いに走ったものですが、マーマーマガジンでも読者の方に同じ興奮をもたらしているとすれば、こんなにうれしいことはありません。

のちに、こうした読者さんとのつながりは「マーマースクール」というワークショップと講座にも発展してきました。今でも大切な事業のひとつです。

さらにはもうひとつ、低予算であったからこそ、なすことができた企画が、ユーストリームの放送です。

マーマーマガジンを発売するときに、ユーストリームを使って、生で放送をするのです。ツイッターで時間を決めて読者の方と交流することもありました。生放送といっても、ド素人の放送です。ユーストリーム放送というものを見たことがある方はわかると思いますが、時にぐだぐだ、時にてきとうな放送です。

わたしたちは、1時間から1時間半の放送を、一応コンテンツを決めて、クライアントさんとともに番組のようなものをつくって放送していましたが、これも、マーマーマガジンを宣伝していく大切なツールとなりました。

何より、あのぐだぐだ&てきとうな感じは、マーマーマガジンの規模感や表現に合っていました。ラッキーなことに。

最後の工夫は、読者の方とのお便りの交換です。

2号から連載をしていただいた松浦弥太郎さんには、当時、本当にお世話になったのですが、何がお世話になったって、「編集長としてどうふるまったらいいか」を、さりげなく、伝授してくださったのです。あのときの、あのアドバイスがなかったら、もっと早くにくじけていたかもしれません。でも、松浦さんがあのとき教えてくださった知恵が、折にふれて本当にわたしを助け続けてくれました。

そんなヒントのひとつが、お便りにお返事を書くというものだったのです。

当時、松浦弥太郎さんは『暮しの手帖』の編集長をなさっていました。

編集長に就任した頃は、リニューアルに伴って、古くからの読者の方からもあたらしい読者の方からもよくお便りが届いたそうです。

そんなお便り一通一通に、お返事をされたというのです。

これはわたしもすぐに取り入れようと思いました。

マーマーマガジンは、10号になる頃には、本当に読者はがきがものすごくたくさん届くようになっていました。積み上がるくらい。

あいかわらず、その一通一通を読むのが、どれだけ継続して本をつくっていく糧になったかわかりませんが……またその一通一通に対して、お便りをしたり、それが叶わない場合は、またマーマーマガジンの企画の中にお返事の気持ちを込めるなどして、制作を続けていったのです。

読者のみなさんとの文通を拡大したような、そんな雑誌づくりでした。

本当の意味でつながりがあると、読者の方々も、編集部のことを深く理解してくださいます。その理解をベースに本をつくるというのは、甘えがあっては決してなりませんが、でも、つくり手としては、なんともありがたい、居心地のよい、それでいて自由なものづくりが可能になります。

広告主や出版社（会社）の顔色をうかがうのではなく、ダイレクトに読者の方々に向けてつくる。読者の方々も、こちらの一挙手一投足を大切に見ていてくださる。

こんなありがたいことはありません。

商売っけを出したらもっともっと出せたかわかりません。

でも、読者の方々を本当に大切に「お客様本位」にして、「商売」に走らないこと……もっといえば、「お金」や「部数」を追わなかったことは、結果、読者の方々を増やし、深い理解を増やし、つながりを生み、わたし自身に安全・安心な場が自然ともたらされて、継続可能な表現方法を生み出す結果になったように思います。

これもちいさな規模だからこそ可能だったことでした。

２０１０年は、そうして、活気あるまま、過ぎていきました。

3月11日、渋谷で

2009年からは、わたし自身が本の執筆も行うようになりました。

これも、マーマーマガジンで人気だった連載を一冊にまとめるというもの。

『なにかいいこと』という本になり、売り出されました。

一編集者だったわたしが本を執筆するようになるなんて、かつて〆切のたびに知恵熱を出していた自分と同人物とは思えませんが、人生、本当に何があるかわかりません。

実は『なにかいいこと』は、最初某出版社からお話があって出版される予定でした。

でも、編集会議の最後の段になって、反古となったのです。

あのときは、わたしもあきらめず、ちょうど取材などで知り合った他社の編集者の方に相談して一冊にまとまりました。

何ごとも「はじまりの時」に、もたもたするわたし……。ちいさな障がいみたいなものを乗り越えないとやった気がしないのか、それとも人生とはそういうものなのかもしれませんが――。

その後、ほどなくしてブログで掲載したお悩み相談の本が発刊され、3冊目の本の企画もまたすぐにスタートしました。この本は、『あたらしい自分になる本』という本として発売されました。わたしが、マーマーマガジンを継続的に刊行してゆくために続けていた健康法や生活の知恵を紹介した本。この本を脱稿したあと、年末年始に高熱を出しました。今までに経験のない高熱の体験でした。ちょうど実家にいるときで、この体験については、自著にも書かせていただいたのですが、これまた何かちいさな生まれ変わりをしたような体験でした。

この本は2011年の年明けに校了しました。

また同時進行で進めていたマーマーマガジン12号も続いて2月には校了しました。

そうして、あの、3月11日を迎えるのです。

その日は、編集部には、わたしと、イラストレーターの平松モモコさんのふたりきりでした。平松さんは、イラストレーターとしてわたしの本やマーマーマガジンで絵を描いていただいているほか、時に編集部の手伝いをしてもらったり、プライベートでも一緒にバンドをやったりと、公私共に仲よしの、数少ないあたらしい友人のひとりでした。

不思議なことに、アルバイトのSくんは、この日からスウェーデンの旅行が決まっていました。そのほかふだん手伝ってもらっていたスタッフも沖縄にいたり、お休みをとっていたりと、誰もいなかったのです。

春のあたたかく静かな時間が流れる中、明治神宮の森が見えるキッチンで平松さんとお昼ごはんをつくって、食べました。

原宿の喧噪が、遠い音となって、編集部に流れてきます。

ムングダールをつかってお豆のカレーをつくったのですが、なぜか、ものすごく出来が悪かったのを思い出します。なんか、まずい……。どうしたのかしらね、といいながら食べて、そうしてわたしは編集部をあとにしました。

平松さんは、片付けをして、帰りますね、といいました。

わたしは、渋谷の丘の上にあったクライアントさんの事務所へ行き、次に売り出す予定の天然素材をつかったトップスの打ち合わせをしていました。

コートを脱いで、何度目かの試作であがってきた服を着ていたところ、ものすごい激しい揺れがわたしたちを襲いました。

棚にあったマーマーマガジンの在庫が、ざざざっと足元に崩れます。

わたしは、そこを踏まずに逃げたかったのですが、どうしても踏まないと先に行けませんでした。マーマーマガジンを踏むなんて人にあらず、と思いながら、本当にごめんなさいと謝りながら、1冊だけつま先で踏んで、安全と思われる場所に避難しました。

何十人も座っているとても広いフロアは見渡せば全員が机の下に潜っています。

わたしは、近くの窓を開けました。立っているのは、わたしと、わたしを認めてくれた女性の社長さんのふたりだけでした。社長さんは熱心にどこかに電話をしています。まだ大きく揺れは続いていました。

揺れがおさまったとき、わたしは薄着のヘンな格好のまま着替えと荷物も全部もって、階段をかけおりました。マーマーマガジンをつくってきたクライアントさんの女性たちと一緒にです。足が震えていました。

ラッキーなことに、その会社は、代々木公園のすぐ近くでした。だから、みんな代々木公園に逃げました。その間も何度も揺れが続いています。

渋谷の建物が右に左に揺れるのを見て、映画みたいだと思いました。大げさなようですが、とうとう地球が終わるのかとも思いました。

あちこちから企業の人たちが逃げて来てあっという間に代々木公園は人でいっぱいになりました。ようやく手にしていた自分の服に着がえました。

クライアント先のKさんと手を握り合っていました。

落ち着いているのは、代々木公園を宿にしているホームレスのおじさんだけでした。本当に困ったことになったらこの人がいちばん頼りになるな、と思ったのを記憶しています。

すぐに電話がつながらなくなると思い、実家に、「わたしは大丈夫」とだけメールを入れました。

揺れがおさまった頃わたしはみんなと別れ、ひとりで歩いて、原宿駅近くの編集部に戻りました。

編集部の中は、いくつかのものが落ち、割れていました。

箒でそれらを掃いているときも、いつ余震が起こるかわからず、からだが小刻みに震えていました。

一体何が起こったのか。

編集部にはテレビもなく、インターネットでしか情報が入りません。

携帯電話ではない通常の電話はよくつながったので、もう一度実家の親と電話で話して、片付けをはじめました。

金庫だけもって今日はもう家に帰ろうと思いました。この古いマンションもいつ倒壊するかわからない、と思ったんです。

すると、玄関から音がします。

帰ったはずの平松さんが立っていました。何でも、銀座の画廊に絵を観に行く予定だったが、何か気が乗らず、家に帰ることにしたとのこと。ところが山手線が代々木駅に到着したところで揺れがきて、しばらく駅周辺で時間をつぶしたが、電車が動かないため、戻って来たとのこと――。

『野性の証明』という映画がありましたが（観たことはないんですが）、『野性の証明』

のワンシーンみたい、と思いました。

とにかくふたりの無事をねぎらいあって、金庫を抱えて、とりあえずはわたしの家に行こうということになりました。

わたしの家は、編集部から歩いて10分ほどだったのです。

通りで、仕事でお世話になっていたEさんとばったり会い、抱き合いました。

大変なことが起こった、と話しました。

人々はみんな、家路へと急いでいました。

あまりにあっけなく、東京がいつもの東京ではなくなっていました。

今まで通りにはできない

東日本大震災が起こった日から、平松さんとは、2日間ほど一緒にわたしの家で過ごしました。

家のテレビでは、悲惨な状況がこれでもかと映されていました。

ニュースは続いていましたが、明らかに情報の操作と感じる箇所があって、とても不快な気持ちになり、コンセントからテレビの電源を抜きました。

あのときからわたしはテレビを見なくなりました。

もうすぐ発売となる12号には、原発の問題が掲載されていました。なんとタイムリーなのでしょうか。

また、震災にあった方が読んだら、ひょっとしたらいやな気分になるかもしれないと思われる記事も入っていました。

すぐにわたしは自宅のパソコンでメッセージをつくり、印刷所の人に頼み込んで、12号にメッセージをはさんでいただきました。

読者の方には、帰宅困難の方もいるかもしれないと思い、ブログも毎日アップしました。

いや、気丈に文章を書いてはいたけれど、文章を書くことで精一杯平静を保っていたのだと思います。

ひとり暮らしで近所に知り合いもいない身としては、平松さんがそばにいてくれて、どんなに救われたか！

平松さんが家に帰れなかったというより、わたしのために付き添ってくれていたようなものでした。

地震が起こったのは、金曜日。

翌、土曜日には、デザイナーのNさんと打ち合わせをする予定でした。実は、デザイナーさんを次号から変更したいというお願いをすることになっていたのです。マーマーマガジンは、Nさんとは、9冊つくりました。『冷えとりガールのスタイルブック』も『あたらしい自分になる本』もNさんとつくりました。気持ちが飽和状態になったのでしょうか。いろいろ、デザインや編集部のシステムをあたらしくしたい気持ちになっていました。その矢先に震災が起こったのです。

震災の影響で、雑誌の中には、発刊が遅れるものもありました。わたしたちの雑誌は、少し時期が外れていたこともあり、予定通り発刊されました。

ただ、もう、わたし自身が、震災前と同じ自分ではなくなっていました。

正直、混乱していました。

何か、3月11日以前と同じ気分で雑誌はもうつくれない、という感じでした。何がそう思わせていたのか、はっきりとわかったのは、2015年春に、東京から岐阜の美濃に編集部ごと移転したあとでしたが、簡単にいえば、「都市化」された社会を背景に本をつくることに、何かアレルギーのようなものが出ていたのだと思います。

雑誌は、「都市」の産物だと思います。

しかし、その都市が、もっといったら都市化されたこの社会が、本当に人々を豊かにして幸福にしているのか——東日本大震災を経て、大きく疑問を感じはじめたのです。

今まで通り雑誌をつくることはできない。

そう、はっきり思いました。

マーマーマガジンは、それでも、通り一遍の「都市化」された世界のものではない、オルタナティブな価値観を追ってきたつもりでした。でも、都市のシステムと関わりがなかったわけではない。いや、それどころか、まさにこの震災後の混乱や原発事故を生み出す「都市」から生まれたものである。カタカナの「エコ」だの「オーガニック」だの「ホリスティック」だのが、空しく宙を舞いました。

自分はどう生きていったらいいのか。

わたし自身が空(くう)を眺める日々でした。

版元になる！

結局、マーマーマガジンの13号は、遅れに遅れました。

年4回と決まっていたのに、わたしは次の号の発刊時期が迫っても何をどう表現したらいいかわからず、本づくりができなかったのです。

クライアントさんも、よくわたしのことを待ってくださったと思います。

2011年の秋に、ようやくその年の2号目となる13号をつくることができたのですが、それまでのマーマーマガジンとはデザインも、内容もまるきり変わってしまいました。デザイナーさんは、駆け出しの新人だった頃、一緒に絵本をつくったことのあるSさんです。

13号の最初には、わたしの手書きの手紙を掲載しました。原稿用紙に万年筆で、読者のみなさまへお便りを書き、自分で、編集部で真俯瞰で撮影をしました。

「わたしは、雑誌づくりをどうしていったらいいかまったくわからなくなってしまいました」。正直にそう書きました。

読者のみなさんに愚直に向かい合う態度だけしか信頼できるものはないというくらい、もう、わたしにとってはあらゆる価値観が崩れてしまっていたのです。

結果、震災後初の発刊となる13号は3月11日からわたしが取った行動、わたしが見たもの、体験したことだけで特集を構成しました。

編集会議をして、何か「意図」をもって、雑誌の企画をつくるということが、そのときできなくなっていたのです。

誰の責任で何を載せるのか——。原発の問題をどの視点からどう捉えて掲載するのか、クライアントさんは、そういった問題に一切介入してきはしませんでしたが、どういう方向にせよ、「ある方向」はできてしまいます。当時は少なくともそうでした。それを、とにかく、わたし自身が、個人で負うというコンセプトでなんとか乗り切ったのです。

そうすることしか自分にはできませんでした。

クライアントさんにも迷惑をかけたくなかったし、かといって、自分の考えをまげるのもいやでした。

3月11日より前に制作していた12号ですでに原発の問題を取り上げていました。何事もなかったかのような顔をして、何でもないコンテンツをつくることは、もうわたしには無理でした。

13号は、鎌仲ひとみさんの映画の話、インタビューはじめ、わたしが通ったエネルギー関係の勉強会の様子を中心に掲載しました。

この号ほど、校閲の人が困った号もなかったと思います。

エネルギー問題については、何が正しくて何が正しくないか、非常にセンシティブでわかりづらい事実ばかりなのです。

最後は、自分で責任をもつ、としかいいようがありませんでした。

13号を制作するときには、『冷えとりガールのスタイルブック』や自著の担当をしていたAさんが、手伝いにきてくれるようになっていました。Aさんはとうとう会社を辞めて、我が編集部に入社することになっていたのです。

靴下をはじめとする冷えとりグッズを売るネットショップもあいかわらず好調でした。前年比がどれだけアップしたか思い出せないほど、うちの会社は儲かっていました

（マーマーマガジンを創刊する前に、会社組織にはしていました）。

非常勤で来てくれていたMさんはまるで修行僧のごとく、熱心にお客様に発送をしていました。

今後のマーマーマガジンのビジョンを、クライアントさんに語った頃だったでしょうか。どうも、熱量が、違う、と感じはじめました。それは、お互いに感じたことだったと思います。部数を拡大するという方向はあいかわらずありませんでしたが、あの頃のわたしは、ただただやりたいことばかりで、あれもしてみたい、これもしてみたい、とあれこれ企画をもっては提案をしていたんです。しかし、震災を経て、わたしたちに関わるすべての人に共通していたのは、「自分自身に戻る」というムードでした。

死を意識せざるをえない震災が、自分たちが何を今するべきかを、まっすぐにつきつけたと思います。たくさんの話し合いを重ねて、「服を売るものは服を売る。雑誌を売るものは雑誌を売る」という結論に達していきました。2011年の冬には、クライアントさんは版元から降りることになりました。そうして、編集部であった自分たちが出版社となり、本を発刊することになりました。

自分の会社が発行元となる……思ってもみないことでした。

すぐに準備をはじめて、もともとあった会社に、もうひとつ会社を起こしました。

マーマーマガジンの頭文字「m」と「m」をとってエムエム・ブックスという名前に

しました。

この頃が、わたしにとってある意味、何度目かの大波、しかもけっこうな荒波でした。本の販売は、すべてクライアントさんが行ってくれていました。それを編集部で一手に引き受けるのです。ノウハウも何もありません。自分たちでやるしかないと意気込んだ矢先、アルバイトとして手伝ってもらっていたHくんは、「ぼくにはできない」と会議できっぱりいいました。わたしやAさんやアルバイトのSくんは、思わず「ええっ」と大声をはりあげてのけぞってしまいました。ひとりでもこぎ手が必要なちいさなボートなのに、もうこげない、ボートを降りるという人が現れたのです。わたしはHくんにはできると思いましたが、素人が迷惑をかけてはいけないというHくんなりの考えもあったと思います。とてもできないとその一点張りでした。すると大学生だったSくんが、こういったのです。

「ぼくが大学を休学して半年間営業をやります」。

プロの営業マンにお願いするでもなく、学生バイトのSくんが一手に営業を引き受け、あたらしく入社したAさんとたったの3人でちいさなちいさな「エムエム・ブックス」というボートは、よたよたと、大海原をみずからの手で進みはじめました。

ひとり何役!?

14号、15号の制作は続きました。

震災の影響を受けて、5つのモットーは変えないまま、でも、編集の方針や方法を探る日々。

東京の街――わたしたちの編集部があった原宿、そして自宅のあった裏原宿、表参道近辺も、しばらくの間は、お店の電灯が消え、ひっそりとしていましたが、しだいに、何事もなかったかのように活気を取り戻していきました。

わたしは、本当にあの頃の街に違和感を抱いていました。

こんなことが起こったのに、わたしたちは、立ち止まって自分で自分たちのことをまったく考えられずにいる――。いや、考えていた人もそれはたくさんいたと思います。東北に支援に行く人もたくさんでした。また、移住を決意する人もわたしのまわりにたくさんいました。

どういう気持ちで、ふだん通り、会社勤めの人たちは出社をはじめたのか。

あの頃よく、震災直後、みんな会社に行くのはやめて、立ち止まって、2日でも3日でも1週間でも、できる限り休んで、どうしたらいいか話し合うことはできないのだろうか?とそればかり考えていました。

ぽつぽつと、灯りがふだん通りともる原宿の街を見ては、出てくるのはためいきばかりだったのです。

被災地のニュースも生々しく届き続けています。

わたし自身もぐずぐずとして、何をどうしたらいいか考えあぐね、何をすることもできずにいました。マーマーマガジンじたい、手探りもいいとこでした。

雑誌をどうつくっていったらいいのか。

そもそも、わたし自身がどう生きていったらいいのか。

もう自分というものがぐらぐらに揺さぶられていた時期です。

いきなり版元となった結果、わたしたちの会社運営も大変でした。

慣れない営業、在庫管理、ネットショップのほうもMさんからひきとってあたらしい人に引き継いでもらうなど、会社は混沌としていました。

編集者のAさんが雑誌の実務を負ってくれることになったものの、会社組織としての仕事は増えるばかり。わたしは編集長であるだけでなく、ネットショップのオーナーであり、何より会社の代表取締役でした。

原稿を書いた直後に税理士と税金の打ち合わせ、新企画のラフを書いたあとに給与計算、なんてこともあたりまえに日常茶飯事だったのです。

わたしは、今度こそ、疲れていました。

マーマーマガジンを立ち上げて、準備から数えて5年の月日が経っていました。いや、疲れを安心して出せるほどに組織がそれなりに形をもつようになっていたといってもいいのかもしれません。著者としての活動も増えていました。仕事があまりに多岐にわたっていました。

当時、会社の財政を整えるために、やれることは何でもしました。トークショー、講演、数々のワークショップを積極的に行ったのは、もちろん自分自身がやりたかった内容であったということもありますが、正直なことをいえばマーマーマガジンを発刊し続けられるように、また、あたらしく増えたスタッフたちのお給料を出し続けられるようにと、純粋にお金のためでもありました。

おかげさまでワークショップには、たくさんの生徒さんが来てくださり、1期の予定だった会が4期にもわたって行われるということもありました。また、その企画を本にしたいという出版社があらわれて――その合間に、一般誌の取材も数々受けていました。

わたしは、もう、ぼろぼろでした。

息つく暇もない、という感じ。

創刊当時もよく働きはしました。でも、スタッフはわたしか、いてもアルバイトさんひとりだったし、別にのんびりと、お昼くらいに出社しても問題ないわけです。でも、人数が増えた会社では、社長として定刻ないしは定刻より前に出社する必要もあったし、ミーティングもしだいに増えていってしまいました。会議なんて本当は好きじゃないのに、会議の場を設けなければ、コンセンサスがとれないほど、会社としての「情報」が増えていったのです。

わたしは、その頃、よく腕組みしていました。

もう、わたしは飽和状態だ。

経営者もとても向いているとは思えない（正直、あまり興味がない）。

わたし自身にもアシスタントが必要だし、編集や執筆にもっと集中をしたい。

一方でこの頃、正直なところ、ひとり暮らしにも飽きがきていました。

元気よく創刊準備をしていた頃は、ひとりでいることを自ら望んだし、ひとりで生活できて本当に自由に時間を使うことができました。

でも、ひととおり落ち着いてみると、わたしも41歳です。

恋人はもうずっといませんでした。

わたしはある人に相談しました。

パートナーがほしいと思っているんだけれど……。

当時、わたしのまわりの人たちはよくいったものです。

「自分で本も書いて、ちいさいながらも雑誌の編集長もしている。会社の経営者でもある。みれいさんの相手は、もう一般的な日本人のサラリーマンはむりだね」って。

編集者だから、同業者含め、たくさん出会いがあるでしょう！と思う方もいるかもしれませんが、わたしのエネルギーは、雑誌の方向に、本当に向けられていたと思います。

わたしには、しみじみと女性としての隙がなかった、と思います。

しかも、どんどんとわたし自身のエネルギーが、拡大している過渡期でした。

そんな折、ある人から、「みれいさん、商工会議所の青年部でお見合いがあるんだけれど行ってみない？」と誘われたのです。

わたしは、ふたつ返事で行きます、といいました。

わたしのもくろみはこうでした。

商工会議所の青年部で、パートナーをみつける。できれば、会社の経営者。バツ1でもバツ2でもいい。年齢も高くても低くてもいい。頭髪の薄さもなんでもござい。その代わり、もう、わたしひとりきりで会社を経営し続けるのはやめたい。その人の会社に吸収してもらうか、経営を助けてもらいたいと思っていました。目的がはっきりとしたパートナー探しだったのです。

今思うと、笑っちゃうような条件ですけれど、とにかくすぐに申し込みをしてもらいました。

時間のないわたしは、お見合いというういかにも合理的な方法で、パートナー探しをしようと立ち上がったのです。

助っ人あらわる!!

ここから先のことは、加藤俊朗さんと共著させていただいた『恋愛呼吸』に書かせていただいたため、詳細はさけますが、なんと、結婚しようと決めたとたん、商工会議所からではなくて、わたしの編集ゼミの生徒さんから、パートナーがあらわれました。

それが今の夫で、アルバイトで入社した後、あっという間に結婚することとなり、とうとう2015年からは、うちの会社の社長となりました。たまたまなのですが、大学では経営を学んでいて、自分でも何か開業したいと考えているようなタイプの人でした。ちいさい会社だったからということはありますが、スピード出世を成し遂げたのです。

夫となった福太郎さんは、もともと大手ゲーム会社につとめていました。ところが入社から7年経った頃辞職して、なぜか毎日絵を描いていました。彼もまた震災の影響を受けて、生き方や働き方を変えざるをえなくなったひとりだったのです。当時、職業訓練校に通いながらインテリアデザインを学び、絵を描く日々。そんな中で、わたしの編集ゼミに参加してくれたのでした。

当時、うちに来ていたアルバイトのTくんが、急遽学業との兼ね合いで、アルバイトの日数を少なくしてほしいといってきました。すぐに編集ゼミでアルバイトを募集しました。

4名の応募があって、その中に福太郎さんが入っていました。

それぞれのみなさんと面接を続け、これまたすぐに働くことができる福太郎さんが、即採用となりました。2012年の秋から、さっそく編集部に働きに来ました。

アルバイトで入った日ののんびりとした昼下がりのこと。その日は名簿か何かの整理をしてもらったのですが、近くの幼稚園からかわいらしい声が聞こえてきて、編集部もいかにものんびりしていて、福太郎さんは、それまでの会社生活とのギャップに涙が出てきたといいます。

福太郎さんはその後、誰よりも早く——当時始発で会社に来て、何もかも掃除をしてくれるようになりました。トイレにも直で手を入れて洗うような働きぶりでした。そうして終電までもいとわず、それはそれはよく働いてくれました。

結果、わたしたちが結婚をしたことを考えれば、もともとわたしを好きだったからなんじゃないか……と思う方もいるかもしれませんが、どちらかというと、お互いそれぞれにある程度やり尽くしてもう先がなかったから、この時期とても素直に目の前のことに立ち向かえたのかなと思います。

福太郎さんは福太郎さんで、ある意味、追い込まれていました。

当時、福太郎さんは32歳。まわりの友人たちがどんどん高給取りになっていく中、1年も休んでしまい、貯金も早々に尽きていたといいます。本人曰く、本当にやぶれかぶれだったとはあの頃の自分、ということですが、実によく、我が社のために励んでくれました。

当時、ボロボロで、もう、目盛りいっぱい、いや、目盛りをゆうに超える量の仕事が降り掛かっていたわたしは、福太郎さんの存在が、本当に心底ありがたかったです。そうして、『恋愛呼吸』で書かせていただいた通り、この福太郎さんとわたしは、結婚をすることになります。スピード婚でした。アルバイトで入社して、2週間ほどでわたしたちは結婚することを決めたのです。

本になったときは、「結婚も商売になるのネ」といやみをいわれたこともありましたが（まあ実際にそうなのだから反論もありませんが）、実際には、結婚を契機にそれを本にしたのではなく、恋愛と呼吸にまつわる本をつくりはじめたら、突然結婚の流れができはじめたのです。なんと。

つくづく、いつも、つくる本に助けられる人生です。

次のシーズンへ

当時、毎週のように呼吸レッスンの加藤俊朗さんが、編集部でレッスンをしてくださっていました。会社の組織になりきっていない弱々しい状態のわたしたちに、根気よく、叱咤激励してくださいました。

よく考えればマーマーマガジンを立ち上げてから、あれよあれよという間にネットショップまで経営することになり、本の発刊によって売り上げが爆発的に伸び、会社の組織というものが、整う間もありませんでした。「会社をつくろう」として、人などを組織していったのならともかく、先にものごとが動いて、それに合わせてなんとか人があてがわれて、動いていくというしまつ。

台風が来ているボロボロの家に、とんかんとんかん、木の板で突貫工事をして、なんとか建っているような家、それが我が社、マーマーマガジン編集部だったのです。ただし、台風は脅威の台風なのではなくて、「よく売れる」というありがたい台風だったのではありますが——。

一方でひとり身のわたし、年がら年中仕事ばかりしているわたしを、加藤俊朗さんは心底心配もしてくれたのです。「結婚」という形式はどうでもよかったけれど、パートナーは本当に今こそ必要でした。

大きく、世界が変わろうとしてました。

もしこれがドラマなら、シーズン4からシーズン5に行くくらいの節目です。結婚を決めてから5か月ほど婚約期間を設けて、２０１３年の3月に、福太郎さんとわたしは、結婚をしました。

２０１４年の秋には、読者の方４００名を招いて、軽井沢で、マーマーのフェスを兼ねた結婚式もさせていただきました。こういう流れで結婚した以上、読者の方と、式をしたいと思っていたのです。超・手づくりの式でしたが、読者のみなさんとともに時間を過ごせたのは、一生どころか来世にももっていきたいほどの思い出です。

こうして、ボロボロのちいさなボートだったマーマーマガジンは、徐々に徐々に船のタイプを変えて、エンジンもほんの少しずつですが大きくしていき、航海を続けていくことになります。ただ、速度はスローなまま。売れすぎない、大きくしすぎないというモットーはそのままに――。

福太郎さんが、公私共にわたって助けてくれることになって、まず、改革に着手したのが営業部門でした。

考えてみたら、営業機能などなかった編集部が、本を売ることにも関わることとなったのです。２０１２年末に急遽引き継いだ営業は、アルバイトのＳくんが大学休学中に半年なんとか切り抜けてくれたあと、まだまだ未整理のものがたくさんありました。

また、この頃、あちこちで書店さんの閉店のお知らせを耳にするようになりました。ある書店さんがなくなるというので署名したこともあります。出版の世界は、全体的にとても厳しい、業界としてはある意味〝斜陽〟といっていい分野にありつつありました。

これからの厳しい時代を、わたしたちのようなちいさなボートのような出版社がどう切り抜けていったらいいか。

流通革命

通常の流通形態では、うちのような会社は、生き抜いていけないと感じていました。

一般的に出版社というのは、取次という流通業者が存在し、出版社の代わりに本を全国の書店に配本するしくみとなっています。

本は、取次を通じて委託販売制度によって売られています。わたしも学生時代はよく書店でアルバイトをしたのですが、書店のアルバイトのほとんどの時間が、本の返本作業でした。

おびただしい数の本が書店に並び、それと同時におびただしい数の本が返品されるのです。

また取次を通す場合、古くからの出版社、大手の出版社は掛け率がいいのですが、新参者やちいさな出版社は、まずもって掛け率がよくありません。

配本についても、全国津々浦々に配本されるのはいいのですが、かゆいところに手が届くような配本は、マーマーマガジン程度の規模ではとても望めないと感じていました。

自分たちらしい方法はないだろうか?

創刊当初に行っていた通り、ショップと直でやりとりをする、という方法がベストだと思いました。

ただ、これは、出版流通の世界からすると、異端な方法です。

大きな出版社でもごくわずかに直取引で成功している例も耳にしていましたが、とてもたくさんの営業さんがいらっしゃるとの噂……。

いずれにしても本づくり同様、「雑誌はだいたいこんなふうにつくるよね」という感じでものごとを進めるのが、わたしはすごく苦手です。

これは本を売るという段階でも同じでした。

そもそもが、ほかの出版社に比べて、規模も内容も違うのです。同じようにやって同じようにうまくいくとは限りません。

どうにか直取引で、しかも、すべて買い切りでの取引を徹底できないか作戦を練りはじめました。

委託で本を置くというのは、定期的に、在庫を確認する必要があります。数百店舗に増えていた書店数ぶん、確認作業をする人材をうちの規模では雇用できません。

一方、直取引で一括買い切りにすれば、置いていただける冊数は減りますが、でも、1度の取引で終わります。関わる人数も少なくてすみます。書類やエネルギー、何ひとつとってもシンプルです。

もうひとつ、この方法がいいなと思った理由は、委託だと多めに本をとって並べるというメリットの結果、どうしても返品も増えてしまいます。返品される本というのは、汚れるんです。汚れた本はもう売り物にはなりません。また、本が行ったり来たり、その過程でも輸送のためのエネルギーが使われます。

エコかエコじゃないかといったら――。

一度で納品されて、それが売り切れるまで大切に売られる、ということのほうがもちろんエコだと考えました。

だいたい、本をたくさん陳列するという方法は、カードで買い物するのに似て、「本質」がごまかされます。ぜんぜん売れていない本だって、売れているように見せることだってできます。これが、自分の性に合っていなかったんです。

いや、マーマーマガジンのたましいと合っていなかったといったほうがいいのかもしれません。

書店さんが、うんうんうなって……委託だったら100冊取るところを、直取引しかも買い切りであれば、50冊！と、決定したとします。

この時点で書店さんは、50冊すべて買い切ってくださいます。

買い切った側の心理としては、(もちろん、委託の本だって、本屋さんは大切に扱っていると思いますが)、買い切った本をより大切に扱ってくださるのでは？と思ったのです。

一方、直販にすると、うちとしては最初に納品する冊数が極端に減るというリスクも背負います。また、すべてのお店に自分たちの手で納品するという大変さもあります。

ただ、総合して考えるに、もっともよい方法のように思いました。

大きな船・大手出版社こそあの手この手で工夫を重ねているのです。わたしたちのようなちいさなボートであるちいさな出版社にとっては、自分たちらしい工夫なくしては、広大な出版の海を渡っていけないのです。

書店さんに経緯をご説明し、段階的に、直取引・買い切りのみの契約を、少しずつ取って行くことをこころに決めました。

まず、あの頃営業を担当してくれることになった福太郎さんと、以前、営業を編集部で引き継ぐことになったときに「むり」といって辞めていたHくんが戻ってきていて、ふたりを説得するところからはじまりました。

ふたりは、部数を伸ばしたいばかりなので、「一部は直販にしよう、でも一部は委託も残したほうがいい」と弱気です。

あのときばかりは、わたしも鬼の形相でした。

ふたりがいくらわたしを説得しようとも、わたしは1ミクロンも気持ちを変えなかったのです。

すべて直取引・買い切りのみの契約を取ってくるよう、ふたりにしっかりと伝えました。

直取引というのは、書店さんにも大変なご苦労をかけます。

委託販売なら売れた本の支払いだけで済みますが、買い切りをしてしまって本が余った場合、書店さんにリスクを背負っていただくことになります。

わたしは、不平等ということがとてもきらいで、あっちの店舗は委託で楽をしているのに、こっちの店舗は買い切りでリスクを背負っていただいているというのが、いやでした。

ふたりを説得して……その後も「みれいさん、やっぱり委託も導入しましょう」とその都度、頼まれるのですけれども、何度ふたりの口から「委託」の二文字が出ても答えは「ノー」の一点張り。マーマーマガジンを守るためにこの件に関しては、わたしは一本化することにかけていました。

そうそう、某・大手の書店さんに直接お願いしに行ってもらったときのこと。大声で怒鳴った店長さんもいたそうです。

「君たちのところのような本、うちに入らなくてもぜんぜん困らない。委託じゃないなら、お断りする」と——。

想定内でした。そういったところには、何度も何度も足を運んでもらいました。最後の最後は、わたしもうかがうつもりでしたが、でも、この最初は怒鳴っていた店舗も、最終的には根負けをして、直取引・買い切りの条件をのんでくださいました。今では、そのお店も、とてもたくさんの注文をしてくださいます。もともとマーマーマガジンに返品がほとんどなかったこと、そして売れ行きがそうとうよくなったタイミングだったからこそ断行できた改革ではありました。

改革? いや、わたしたちにとっては大きな革命でした。

決心をしてから約7~8か月後には、多くのお取扱店さんと、直取引かつ買い切りの契約を結びました。蓋を開けてみれば、この改革で減った店舗はごく僅か。同時に、個人の方でも少部数からお取り扱いできるようにしたために、結果、取扱店さんの数は増えたほどです。

現在では、雑貨屋さん、洋服屋さん、八百屋さん、美容室、鍼灸院、カフェ、リラクゼーションサロン、レコード店、トランジションタウンほか、実に幅広い場所で、マーマーマガジンをよく理解し、愛してくださっている方々が大切に売ってくださっています。

絵本『スイミー』さながら、です。

ちいさな魚がたくさん集まって、大きな魚とともに海を泳ぐようなものです。

これよりいい売り方は、考えつきそうにはありませんでした。

自然農法との出合い

もうひとつのちいさな革命は、コンテンツ上でも起こりました。

マーマーマガジンは、これまで取り上げたことがなかった農——中でも「自然農法」（自然栽培）の特集を2号にわたって行ったのです。

最終的にこの特集は、地方移住への決定的なきっかけとなりました。

自然農法の取材をして、もっともショックだったのは、生産者と消費者の距離があまりに遠いことと、その結果起こっている、目を背けたいほどの「無駄の世界」でした。都市で働く大量の人間のために、少数の人間が合理的に農産物をつくる。そのために種や肥料、農薬が、すさまじく人為的にコントロールされていました。結果、土地も人も薬まみれ、薬依存となり疲弊している世界——。

マーマーマガジンをつくりはじめて、コットン生産の実情を知ったときもショックでしたが、この自然農法の取材をしたときは、さらに大きな衝撃を受けました。

土から遠く離れて、自分が食べるものも遠くの人たちがつくったものを消費するだけの自分の暮らしに疑問がわきました。

地産地消、とよくいわれますが、地元のものを食べるのは、エネルギーに無駄がでないだけでなく、人のからだにもよいのです。

自分の食べるものはできるだけ自分で生産をする。充分つくれなくともできる限り、土の近くで暮らす。

自然の暮らしは、とても理にかなった世界です。

マーマーマガジン編集部は、東京のど真ん中にありました。

ごくごく都会的なコンテンツをつくる編集部が、新宿や麻布にあるのは自然なことだと思います。

でも、マーマーマガジンのようなコンテンツづくりをしている編集部が山手線の内側でつくっているなんて……。

これは矛盾していると思いはじめました。

当時、やはりオルタナティブな価値観を発信している『スペクテイター』編集部は長野に引っ越し、そのほか地方から発信している編集部が増えていました。

大ファンだった環境活動家のセヴァン・カリス＝スズキさん（12歳でブラジル・リオデジャネイロで行われた環境会議に出席し、「直せないものを壊さないでください」と訴えた女性です）にインタビューした折にも、セヴァンさんも、原住民のパートナーとともに、カナダの田舎に引っ越したという話を聴きました。

取材で知ったことを誌面で紹介するだけでなくて、編集部という組織のあり方そのものももっとドラスティックに変えたいという気持ちがわいてきたのです。もちろん、震災で受けたショックもボディブローのようにきいていたと思います。

わたしはまず、消費者と生産者が近づけるようなしくみづくりをしようと思い立ちました。

『自然農法　わら一本の革命』の著者で、日本国内よりは世界的に有名な福岡正信さんのお孫さん、福岡自然農園の福岡大樹さんを、取材したのですが、大樹さんにいわれたんです。「生産者と消費者を結ぶのは、みなさんのような方々の仕事です」

今こそ、メディアの出番だと感じました。

19号、20号をつくりながら、ずっと考え続けました。

そうして、ネットで、自然農法や有機農法など無農薬で農業をする農家さんを掲載するイエローページを思いついたのです。しかも、運営は読者のみなさん。ネットへのアップも、経済的なフォローもすべて読者のみなさん。これがもっともサステナブルだと感じました。最初は、わたしが雛形をつくりました。軌道に乗るまでは、プロの編集者についてもらって、運営をスタート。そうしてスタッフを募集したところ、驚くことにライターさん、デザイナーさん、ウェブデザイナーさんと、運営に必要な人たちが次々と応募してきてくださったのです。

運営費用は寄付で、今も、読者の方々が、毎月寄付を続けてくださっています。

このサイトは「マーマーな農家サイト」というのですが、全国の厳選された農家さんが掲載され、農業体験なども盛んに行われていて、活気があります。

マーマーマガジンの読者＝マーマーガールの中から、農家さんにとつぐ人も登場しているほどです。

さあ次は、いよいよ自分たち自身が行動にうつす番でした。

「都市」から離れる

わたしは、東京がとても好きだったけれど、もちろん震災があって「都市」という存在に疑問をもちはじめていたこともあるし、正直、もう東京で体験できることは充分にしたかもしれない、という気持ちになっていました。

大好きだったセレクトショップに行って、洋服を見ても、何か気持ちが前ほど盛りあがらない。レストランに行っても、書店に行っても――。消費することで得られるたのしさに、少々飽きがきていたのかもしれません。

一方で、畑をやって野菜やハーブを育てるなどと想像すると、ものすごくワクワクする自分がいました。数年間仕事ばかりしてきましたが、もうそろそろ、「暮らし」というものをたのしんでもいいんじゃないか、だったら、東京にもう居る必要はないかもしれない――。そんなふうにおぼろげながらも感じはじめたのです。

最初に、田舎に引っ越そうといいだしたのは福太郎さんでした。

でも、提案されたとき、わたしも内心、同じようなことを感じていました。

神奈川生まれ、神奈川育ちの、ある意味シティボーイの福太郎さんですが、でも、彼は田舎や自然が好きでした。どちらかといえば、わたしのほうが、街好きで、自分からはいいだせなかったかも――。

最初は、都会と田舎と半々にするつもりでした。

それまでも、田舎にある実家で本の執筆を何冊かしたことがあって、集中して何かを制作するのに、田舎って、とてもいいのです。

そうこうするうちしだいに、もうすべて、会社ごと移そう、という気持ちに傾いていきました。

最終的には、２０１４年の秋、軽井沢の相当奥の森の中で、マーマーマガジンのフェスを行い、北海道から沖縄まで、大勢の方々が集まってくださったこと、また、そのような自然の中で交流したからこそ生まれた何かを噛み締めて、家庭も会社も、すべて移住することに決定しました。

移住先は、おのずとわたしの郷里である岐阜の美濃に。

引っ越しは２０１５年の春と決まりました。

挑戦は続く

東京のスタッフたちひとりひとりと話し合いがはじまりました。

岐阜に一緒についていきたいと思ったけれど、家庭の事情でままならない人。また、フリーランスの立場でうちの会社と関わるという決断をした人。一緒に岐阜に来ることにしたメンバーもいます。

２０１４年は、マーマーマガジンはたったの1冊、別冊のマーマーマガジンと合わせて2冊しか出ませんでした。でも、前にも書かせていただいたように秋には、（わたしたちとしては）とても大きな手づくりのフェスを軽井沢で行うことができたし、翌年に発刊する予定の男性版のマーマーマガジンの準備もスタートしました。

こうして２０１５年の春、編集部は、いよいよ岐阜の美濃に移転しました。

美濃市は、人口約2万人のちいさな市。

和紙の産地で、１３００年の歴史をもつうだつの上がる町並みなどを有するとても静かなところです。わたしの実家は、町のある場所よりももう少し山の近く、畑や栗林があるような田園地帯にあります。

編集部は、この市の町中に居を構えました。

編集部の建物は築60年。ふすまや障子に囲まれた畳の部屋にそのまま机を置いて、パソコンで仕事をしています。

２０１５年は夏に美濃にあるうだつの上がる町並みに、セレクトショップ「エムエム・

ブックス みの」もオープンしました。コズミックワンダーの前田征紀さんにディレクションしていただき、古い日本の趣をそのまま残しながら、どこか未来が感じられる、そんな内装が実現しました。

ここに来たら、ウェブショップやマーマーマガジンの世界観だけではなくて、古くてあたらしい、次なる意識が感じられるような、そんな場づくりを目指して――。

本当に、何もかもが、挑戦だらけです。

地方は、「東京」の感覚で来ると、20年も30年も前にタイムスリップしたかのような気持ちになります。80年代~90年代くらいの感覚。

商店街は、わたしの行ったことがある地方都市は、どこへ行っても「シャッター商店街」。国道を走れば、大手洋服店、ファーストフード店、そして巨大モールと、目隠しして連れていかれたら、そこがどの地方かあてられないほど酷似しています。いつからこんなことに……。

ある側面でいえば、「そういう地方」に、わたしたちは帰ってきました。

でも、わたしたちは、こちらに引っ越すときに、「東京」の感覚を一切切り捨てて、しかも、そういった「地方」の感覚でもない、あたらしい場づくりを、日本の田舎に残る昔ながらの感覚に充分学びながら、つくっていこうと決めていました。

一切の不満や愚痴はいわない。

地方も東京も悪くいわない、と。

今、あちこちで「アースデー」やオーガニックマーケット、ちいさな市がとても盛んですが、そんなちいさなお店がいきいきと自分たちらしい商売をしている、という状態にわたしはとても新鮮さを感じます。

個人個人のお店が輝いていた時代にすぐに戻ろうというのはむずかしいかもしれません。でも、わたしは自然と、そういう流れが来るのではないかな?と思っています。

また、わたしたち自身も何かユニークな流れの一端を担えたら、とそんな気持ちで、あたらしいことを模索しながら、実験的に生活をしています。

地方での工夫

こうしてマーマーマガジンのモットーに「ローカリゼーション(地方化)」というテーマが、あたらしく加わりました。

東京を離れて移転してみて、困ることは、今のところひとつもありません。空気はいいし、水もおいしい。畑も少しずつですが関わることができて、「暮らし」というものを以前よりももっと大切にできるようになりました。

ここでもインターネットの存在は大きいです。

インターネットがつながって、宅急便が届くところなら、本当に東京とある意味変わりがないです。直接誰かと話したければ電話もあるし、顔を見て話したいときにはスカイプを利用すればいい。さらに込み入った話であれば、出張して会って打ち合わせをすればいいだけのことです。むしろ制作に集中できる時間が増えました。

夏から秋にかけて、あたらしいスタッフも増えました。

こちらに来てから、編集職やショップスタッフを応募したのですが、全国からとてもたくさんの応募がありました。

愛知県、岐阜県はもとより東京からもあたらしい採用が決まって、現在、スタッフはわたしや役員を入れて10名です。

こちらでは映画やライブなどすぐに観に行けない状態ですから、月に1、2度、みんなで食事をもちよってポットラックパーティなどもさかんに行うようになりました。東京でも、編集部で食事をつくることは多かったのですが、でも、スタッフが大勢参加してのポットラックパーティは、現状ほどは行えなかったです。時間がないのを理由にしていましたが、自分自身の「たのしみ」を埋める情報やたのしいことが、街にたくさんあったからだと思います。そのたのしみも、たのしい。でも、今は、この「ないからこそ」工夫するおもしろさにハマっています。

あたたかい季節には、各スタッフが自分のちいさな畑をもって、そこで好きな野菜を育てています。

わたしたちの親とスタッフたちとの交流の場もあり、また美濃は高齢の方も多く、日々つきあう人間関係が多様になりました。東京にいる頃は、同じ業界の人とばかり会うことが多く、年齢層も若い方が多かったです。本当は、この多様性こそが自然なのかもしれないなと感じています。

スタッフたちは、夏は8時半、冬は9時に出社。みんなで念入りに掃除をして10時くらいから仕事をスタート。早ければ17時半、残業しても19時くらいには仕事をあがります。わたしもだいたい同じペースです。

「大家族」というほど熱いつながりはないかもしれませんが、「ゆるい家族」という感じで、ほどよい距離を保ちながら、でも都会で暮らしていたときよりは、スタッフ同士、お互いの気配を充分に感じて仕事をしている、という感じでしょうか。

個人的な悩みなどもよく共有して、それぞれがそれぞれの話し相手になったりもしています。あたらしい会社のあり方、出版社や雑誌のあり方、そして生き方をまだまだ模索している最中です。

あたらしいわたしは

2015年春、引っ越しをした直後にマーマーマガジンは男性誌を創刊しました。また、他社で出していたわたしの年間の手帖やダイアリーも自社で発刊するようになりました。

先に書いた通り、岐阜に移住するタイミングで夫の福太郎さんは社長となり、地域の方々にもよくかわいがられて新米社長修業を日々がんばっています。

わたしは、以前よりも余裕をもって、マーマーマガジン本誌のリニューアルの制作を行ったり、文章を書いたりする日々です。

これからは、もっともっとスローダウンして、暮らしをたのしもうと思っています。

マーマーマガジンとしては、よい時機がきたら、カフェもやりたいね、とみんなで話しています。カフェが実現したあとのさらなる夢はゲストハウス。全国にいるマーマーマガジンの読者の方に泊まりに来ていただいて、マーマーマガジンで紹介している価値観（調和のとれた食事、オーガニックコットンのアメニティ、ヨガや断食、瞑想などを含むリトリート体験、アグリツーリズム……）そういったコンテンツが味わえるちいさな宿ができたらすてきです。

そこに泊まった読者の方から、場合によっては美濃に移住を考えていただいたり、またその方の縁のある地方で暮らす決意をしていただくなど、何か、ローカリゼーションを進める、ひとつのきっかけになったら、とも。

純粋に、読者の方々が、ほっと自分自身を取り戻す時間のためにも、すてきなゲストハウスができたらすてきです。

まあ、実現するかどうかはともかく、そんなことを考えたりスタッフと話したりしている時間が今は本当にわくわくします。

ある本で、「豊かさとは、やりたいときに、やりたいことをやれる能力があること」と読んだことがありますが、そういう意味では、今、わたしは、本当に豊かだと感じます。

これは本当に、幸福で、満足感の高いことです。

わたしは、仕事を通して、どんどんあたらしいわたしになっていきました。

あたらしいわたしとは、その時その時では、「まだ見ぬわたし」なのですが、時を経て俯瞰してみれば、「あたらしいわたし」とは、どんどん本質的になっていくわたし、本来のわたし自身になっていくわたしにちがいありません。

自分の好きなことに勇気をもって取り組み続けた結果、わたしは本当に〝わたし自身〟になっていった気がします。わたしらしく働き続けた結果、手にしたものは自由でした。

今、過去のどんなときよりも自由を感じて生きています。

太陽の熱を感じながら

マーマーマガジンというたましいは、最初はひとつの種でした。

そこから芽が出て、ちいさな木となりました。

ちいさな木は、たくさんの人に愛されて、水をやったり、光をあててもらったりしながら、すくすくと大きくなり……たくさんの果樹をつけるようになりました。それだけではありません。今、この木は、林になり、森になろうとしています。

自然界で起こること同じように、仕事の場でも、適切な場所、適切な時に、適切な種を、適切な土にまけば、このようなことが起こる。わたしは、本当にそう確信しています。

「誰かの土地」(会社)で働くのももちろんたのしいです。でも、どんな場であれ、自分がなんらかの種をまくともっとたのしい。土地を開墾すれば……起業したり、自ら仕事を開拓すれば、苦労はともないますが、もっと力強いやりがいはあります。

種が森になっていくのは、特別な何かが作用するというより、極めて自然な、自然の法則なのだと思います。

自分らしくやるって一見、絵空事のように見えたり、難解なように感じるかもしれません。でも、複雑にしているのは現代という時代を通して自分が身につけてしまった色メガネのせいだと思います。

本当はシンプルです。

この世界は、「わたしが、わたしを、わたしする」しかない世界なんだと思います。

何をどうするにしたって、どうあがいたって、そう、コピーひとつとるにしたって、わたしというエネルギーを放出して、わたしという「行為」を発露するしかないのです。

この「わたし」をのびのびと発露するとき……特に仕事の世界、働くという行為の中には、実は、自然の法則が、ずどんと居座っている。自然の法則に素直に身を委ねれば、種から芽が出て芽からは葉が出、花がつき、実が成るわけです。

自然の法則は、魔法のようです。時に本当に奇跡みたい。

この自然法則が、どの人のからだにも備わっていて、どんな可能性をも秘めているという事実がすごいと思います。

今という時代は、見方によっては難しい時代かもしれません。

でも、アンテナの方向を、勇気をもって変えるだけで……チャンスがたくさん溢れています。既成概念を取っ払って、あたらしい試みがあちこちで生まれ、育ち、ユニークな森がほうぼうで生まれることを思うと、ちいさくこころが震えます。

曇り空のさらに奥では、今日も太陽が照り輝いています。

働くということはつまるところ、太陽の熱を感じて、安心して自分というエネルギーを発露する、それだけのことなのかもしれません。

花が咲き、猫が跳び、鳥が高らかに鳴くように。

あたらしい自分は、いつだって、自分の中で息をひそめて、外に飛び出すのを待っているのかもしれません。

わたしらしく働く！

実践編

就職だけがすべてじゃない

仕事をすること＝就職することと勘違いしている人がとても多いのですが、わたしは、そうは思いません。長い歴史を見てみればわかることですけれど、今のような世の中になったのはたった数十年、長く見積もっても１００～１５０年程度のことですよね？

みなさんお気づきの通り、会社勤め＝絶対安心という時代でもなくなりました。大企業のリストラのニュースだってあとをたちません。

よく目を凝らしてみれば、この世の中には、いわゆる就職をしないで生きている人は、ごまんといます。自営業の方々、職人さん、農家さん、フリーランスで行う仕事、……人の数だけ働き方はある。

では、どこに仕事はあるか？　人が足りないと感じているところ、困っ

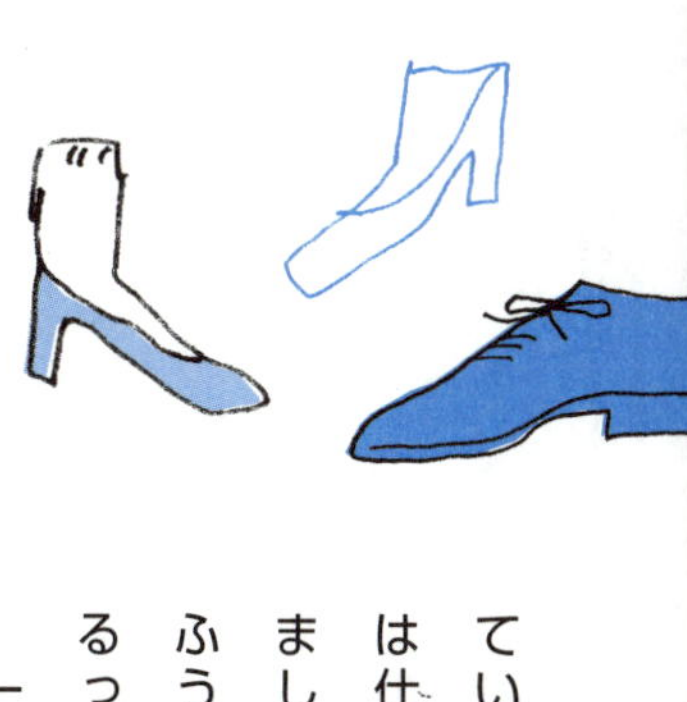

ているところ、そんなところにはかならず仕事が生じます。よく地方には仕事がないなどといいますが、地方に移住したある若い人がいっていました。高齢者の手助けをする、誰かに食事をつくってあげる、そんなふうにあちこちから少しずつ収入を得れば、実際にいくらでも仕事はあるって。「就職しよう」と思うから、「仕事がない」となるんです。

一度に同じ会社から何十万円もらう会社勤めにこだわらず、あちらから1万円、こちらから3万円とあちこちから収入を得て働くのは、とても今っぽいと思います。わたし自身、仕事がなくなったらおにぎりを握って代々木公園で売ろう、なんていつも妄想してました。もちろん、収入の1／3はどこかの勤めから、残りは自営分で、というのもアリですよね。

もちろん一度は就職してみるのも悪くない。ただ、どんな場合も、自分という車のハンドルを握るのは自分です。ちんけな依頼心は潔く捨てて「自分自身でやる」と決めたとき、運命は静かに動き出すようです。

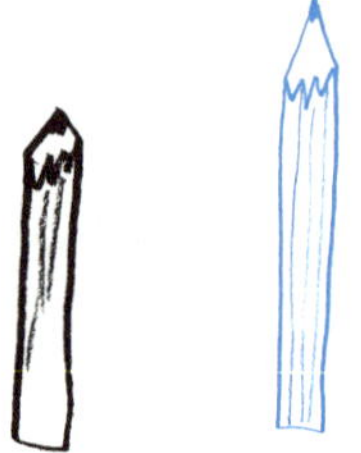

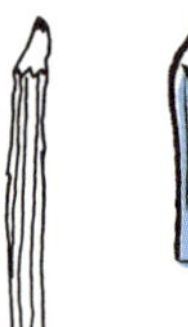

何か頼まれたら「はい」と言う

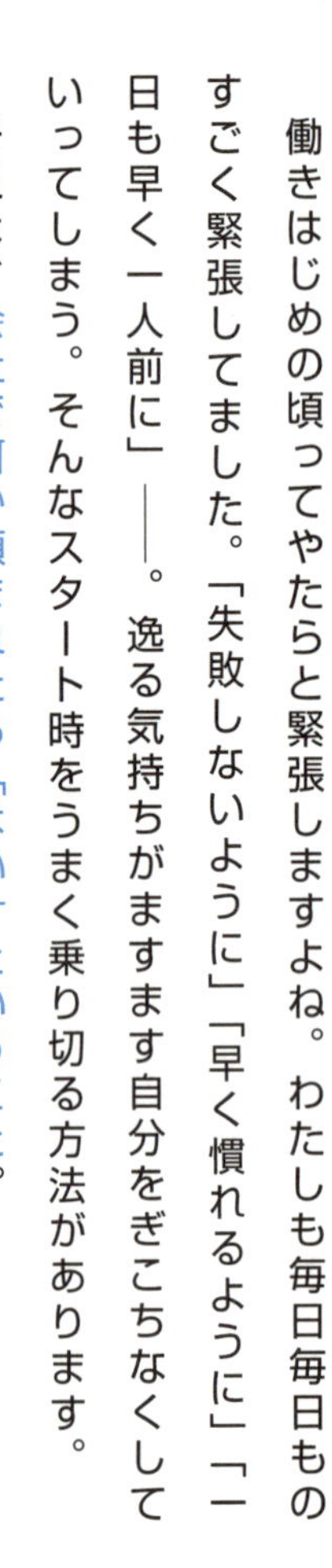

働きはじめの頃ってやたらと緊張しますよね。わたしも毎日毎日ものすごく緊張してました。「失敗しないように」「早く慣れるように」「一日も早く一人前に」――。逸る気持ちがますます自分をぎこちなくしていってしまう。そんなスタート時をうまく乗り切る方法があります。

それは、会社で何か頼まれたら「はい」ということ。

かつて一緒に仕事をした映像関係の人は、「うちの会社では、わからない、しらない、できないといってはいけないんだよ、あはは」といって、土曜日の日付が変わった頃（つまり深夜）に、日曜日の朝6時に新品のバーバリーコートを現場にもってくるよう頼まれて、ちゃんと時間通り用意するなんて荒技をやってのけていましたが、そこまでいかなく

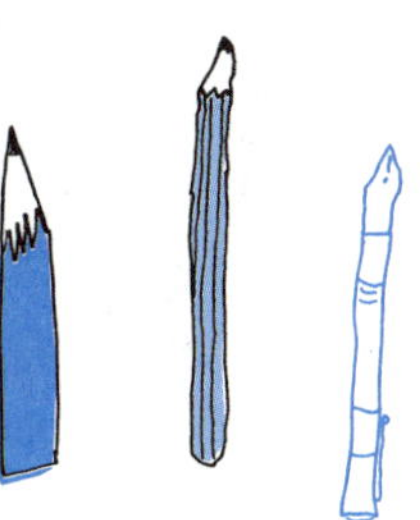
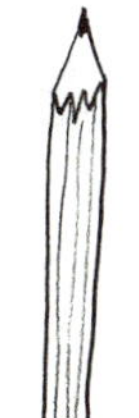

と も、「はい」ということは、なかなか良質な〝仕事筋〟がつくはずです。

「いいわけをしない」というのもおすすめ。

ブラック企業にいる方は論外ですけれど（すぐに逃げてください！）、一般的な仕事場であれば、多少「理不尽な」と思っても、素直にやり続ければけっこう仕事ができるようになるはずです。もちろん逃げてもいいんです。ただ、逃げればやりづらくなり、「さあ、こいや！」という気持ちでど、す、こ、い構えていると意外に楽だったりする。めんどうがらないで、何でもまめに動くほうが早く終わるという法則と同じです。

さて、そうこうするうちにやがて仕事ができるようになり、自分の意見がいえる日、いえる場がやってきます。おもしろいことにその頃には、何でも「はい」って素直にいえるようになっていたりするんですよね、これが。〝仕事筋〟、あなどれない！　もちろん、「はい」が気持ちよくいい続けられる場を自ら選んで働くことも大切です。

〝間に合う〟人間になろう

ものすごく仕事のできるあるご年配の女性が、あるとき、こんなことをいっていました。「苦労をしていない人間は、間に合わない」

間に合わないとは、役に立たない、ということ。役に立たないとは、仕事ができないということです。うーん。それにしても「間に合う」とは、なんといい得て妙、なことばでしょうか。「間（あいだ）」が合うと書いて、「間に合う」です。時間（〆切）に合う。自分と相手との間が合う。煎じ詰めていけば、抜群のタイミングでものごとをなしえたり、シンクロニシティだって起こりうるというもの。深いです。

何の取り柄がなくたって、「間に合う人間」を目指すことはできる。「間に合う」ため、わたし自身は次のようなことを心がけてます。

①おかあさん的マインドないしは、助産師さん的マインドで働く
②相手のニーズ、またはニーズ以上のことをする
③情熱的にいきいきと取り組む

①は、相手や仕事の対象に対して親身になるということ。いつもやさしい視線を向けて見守る自分でいる。困ったら、さっと手を出す。でも出し過ぎない。対象となるものをよく観る。②は、ちいさくとも感動があるようにするという意味。うまくいかないこともあるけれど、こころがけるだけでも違うと思います。③は、熱心に夢中になってやるという意味。自分自身がたのしく、わくわくしながらやる。自分らしいやり方や工夫をして取り組むのも大切です。

「間に合う」瞬間って、自分も相手も喜びが大きい。役に立つってうれしいんです。「自分が」というこころをできるだけ捨てて、無心でやると、自然の法則が働いて「間に合って」くれるのかもしれません。

自分は何に向いているか

自分には本当は何が向いているだろう？　そう思うこと、ありますよね。これを測るのに、とてもいいテストがあります。自分を観察する力が多少伴いますが、そもそも自分が自分を「観る」って難しい。誰かに手伝ってもらうのも手だと思います。では、さっそくテストをしてみます。思いつくだけ、書き出してみてください。

①お金をもらわなくてもたのしくやれる仕事や作業は何ですか？
②得意だなと思うことは何ですか？（得意だねといわれることでも）
③やっていて時間を忘れることは何？
④これまでエクスタシーを感じるほど気分がよくなった瞬間は？
⑤自分が人にあげられる感動は何？

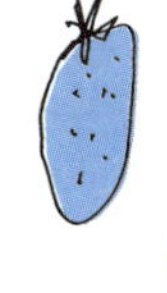
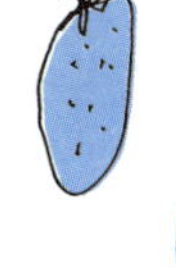

もし、何も浮かばなかったら、「頭」だけで考えようとしないで、趣味でもアルバイトでもボランティアでもいい、何でもいいからまず行動をはじめてください。何か行動をしはじめると、消去法でも加点式でも、①〜⑤へのヒントが必ず立ちあらわれるはずです。

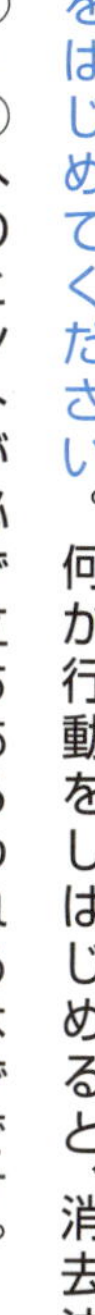

次にこのヒントのうち、誰かが本当に喜ぶもの、人のニーズに合うものは何かと考えます。仕事って、自分の得意なことで相手のニーズに応えること。「受け手」が喜ばないと「仕事」にはならないんです。どうですか？ どうぞ焦らず、探ってみてください。

自分という存在って、想像以上にけっこうヒントが隠されているもの。いや、最高のヒントって、本当は、自分にしか潜んでいないのですが、そんなこともわからないくらい、現代人は外側のものに振り回されっぱなしの人生を送ることを余儀なくされているようです。灯台もと暗し。ぜひ自分に質問し、観察し続けてみてください。

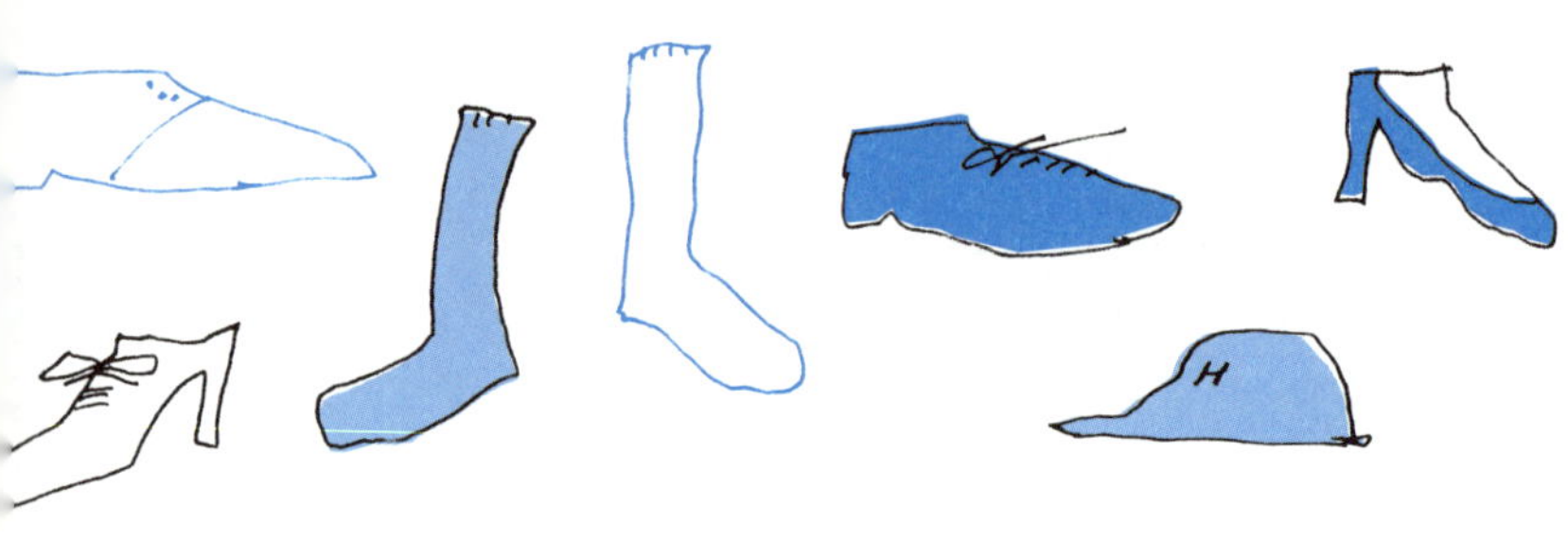

時にはあきらめることも大事

突然ですが、合唱をしていて、自分ひとりでソプラノとアルトを同時に歌うことはできませんよね。料理も野球も英会話も生け花もヘアメイクも力仕事も……と、例えば100種の仕事が全部プロ級、みたいな人って存在しません。

ひとりの人には、できることとできないことがある。でも、だからこそこの世界ではユニークなドラマが繰り広げられているのでは？

うまくいかないときって、焦って一度に何もかも得ようとしすぎているときかもしれません。あれもこれも欲しがりすぎになっている。

あきらめるって、もともとは、明らかに観るという意味なんですって。

何かに執着する気持ちが自分からどうしても離れないのは、自分のこ

とや状況を明らかに観ることができていないだけ、ともいえるのかも。すんなり折れればいいものを、こだわりが抜けず、素直になれないときってあるんですよね。

さて、そんな状況から脱出するいい方法があります。「期限」を決めるんです。「この1か月は悩み続ける」「あと2年はこの仕事を続ける」「この挑戦を5年続けてダメなら軌道修正」などなど。時間の〆切は、意外に効力あります。自分が決めた時間内は一生懸命続けます。時間がきたら潔く撤退。はじめる前からくよくよせずに、何かが起こったら起こったときに考える。そんなあけっぴろげな態度も大切です。

足るを知るって、幸福への近道。「ないもの」ではなく「あるもの」を数える。そうして感謝の気持ちがあらわれはじめたら、もう、こんがらがった糸がほどける1秒前なのかも。いい意味で「あきらめて」、やぶれかぶれの精神でやる。「自分が自分が」と「自分」が重くなくなったとき、ようやく、納得できる道が自然に拓けていくのかもしれません。

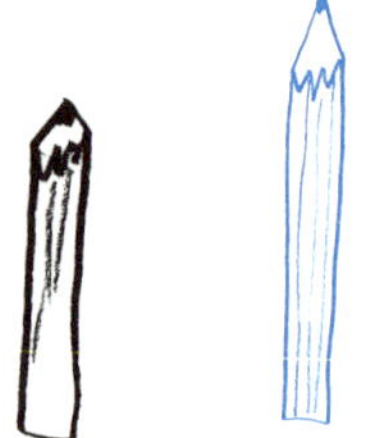
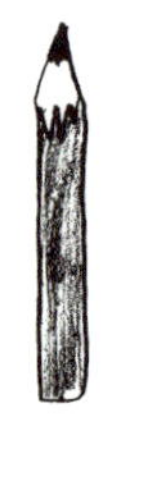

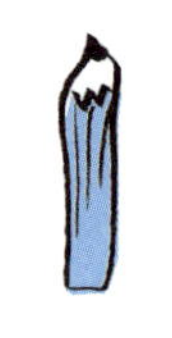

待ったぶんだけいいことが

ものごとには、本当に、時機がある。早くても遅くてもいけない、「好機」がやってくるタイミングです。就職、開業、転職、辞職――。

いち早く結果が見たいと焦る日もあるかもしれませんが、さて、どうでしょう。春にまいた種がすぐに芽を出さないからといって、土を掘り返したり、種から芽を伸ばそうとしても……ムダですよね。

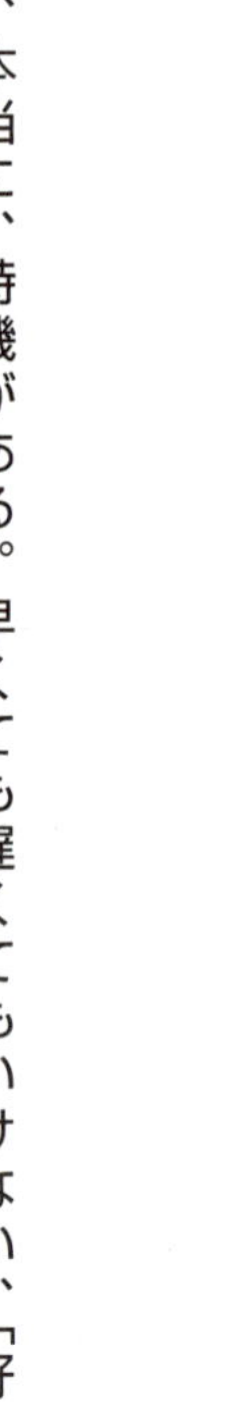
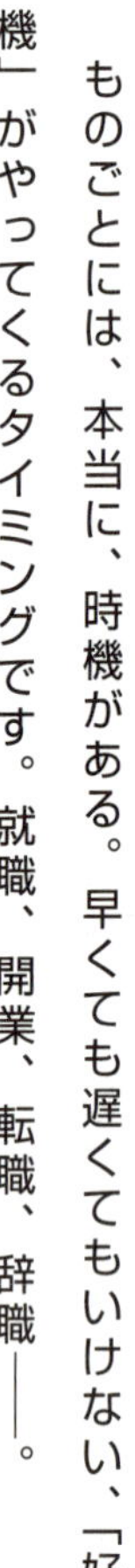

目の前にあらわれてる流れに抗わないこと、時には勇気をもって待つことも大切です。今、自分は、土にうまった種なんだと悟って、じっと「その時」を待つんです。待つことそれ自体が魔法、なんです。

待つときの秘訣は、できるだけ目立たないこと。そうっと潜んで、からだやこころの調子を整えて、エネルギーを溜めるんです。こつこつと

勉強したり知識を増やすことに専心するのもいいですね。そう、自分自身に栄養補給し続ければいい。わたしは、これを、積極的潜伏期間、と呼んでます。

長い人生、晴れ晴れしいときもすばらしいと思うけれど、こういう「待つ」時間もわたしはとても尊いと思う。一見暗くて退屈でつまらないかもしれません。でも、こういう期間がまったくない人生って、どこか浅薄な人生、のような気もします。薄っぺらい人生といいますか——。

夜明けの前はもっとも暗いとか。待ったぶんだけ、咲く花も大きいとこころえて、どうぞうまくいかない時はじっと待ってください。そうしているうちに必ず「その時」は来る。自分にエネルギー補給ができていれば、「その時」が今だ、と、必ずわかります。待った人だけに与えられる、すばらしいギフトの時間がはじまります。

種よ、どうか、焦らずに！

アスリートの気持ちで

仕事をするとき、資本となるのはからだです。

わたし自身、からだが弱かったこともあり、人一倍、からだづくりをする必要がありました。ところがある頃から、「ただ健康」なだけではなく、「より高い仕事のためには、より高い健康が必要だ」と感じるようになりました。そうして取り入れたのが「冷えとり健康法」や「瞑想法」です。心身一如。どちらも、雑誌の創刊準備時から、肉体的にはもちろん、精神面でもたくましくい続けるため、もっといえば直感力や持続力、時に瞬発力を発揮するべく、毎日の暮らしに取り入れました。

仕事って、「やろうやろう」とがんばってできる側面もあるかもしれないけれど、からだが元気でこころもすこやかな「しかるべき自分」で

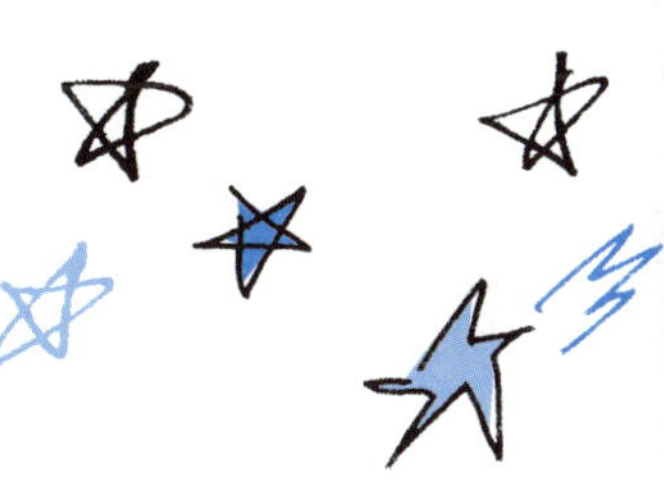

ありさえすれば、あとは自動的に行われる部分が大きい、と思っています。イライラ、くよくよ、めそめそ、はらはらしていては、かえって余分な力が入ってしまう。しかるべきときに本来の実力を出せなかったりもします。逆に自分の状態がよければ、何があってもある程度乗り越えられる。からだをゆるめてリラックスしてもいられます。

自分に合う養生法をもつことは、仕事の質を高め持続させる上で、この上ない支えとなるはず。お休みの日に積極的に休み、心身のメンテナンスをするのも仕事のうちです。自分の心身を整える養生法は、がんばって続けるというより、たのしく続けられるものがいいですね。自分のからだや性格に合うという点もポイント。わたしの場合は、冷えとりと瞑想がなかったら、今の自分や仕事の結果があったとは思えません。車に喩えるならエンジンを整えて、ガソリンをたっぷり入れることから。あとの走りは自動的に行われるのが理想です。

潜在意識を書き換えよう

「種をまいているのにぜんぜん咲かない！」、つまり、願望がなぜか成就しない――。そのときの突破口についてお話しします。

誤解を恐れずにいうと、「人はみんなやりたいことをやっている」と、わたしは思ってます。苦労も倦怠も衝突も、そして願望が叶わないことさえ。「ええっ!? まさか。叶えたいと思ってがんばっているのになぜか叶わないんダヨ！」と思うかもしれません。社会や環境を恨んでみたりネ。でも、原因は外側にはないようなのです。しかも、わたしたちを動かしているのは、「頭」ではなくて、どうやら、潜在意識のほう。潜在意識に、「自分はだめだ」「うまくいくはずがない」「失敗例あれこれ」が入ってしまっていると、どうも、うまくいかないんです。うまくいか

ないことを、潜在意識が望んでいるから——。つまり、「やりたいことをやっている」、というわけなのです（！）。

かつてのわたしもそうでした。だから、潜在意識の書き換えを本当に熱心に行ったのです。瞑想や呼吸法もそのひとつ。潜在意識をきれいにします。ヨガや座禅もよさそうです。ぜひ自分に合う方法を見つけてください。また、「アファメーション」も相当やりました。新月にうつくしいノートと万年筆を用意して、願望を肯定のことばで書くのです。たとえば「わたしは、今年、10万人の人が、感動し胸が打ち震え、勇気がわいてくる、そんな本を陽気な気分で書きます」などなど。お金や住む場所、何でも書きます。ポイントは、具体的に、わくわくしながら書くこと。なんと9割9分は叶いました。

わたしが特別なのではなくて、素直にやったからできたのだと思っています。わたしたちは「できるか／できないか」ではなく、「やるか／やらないか」の世界に住んでいるみたい。どうぞたのしんでくださいね。

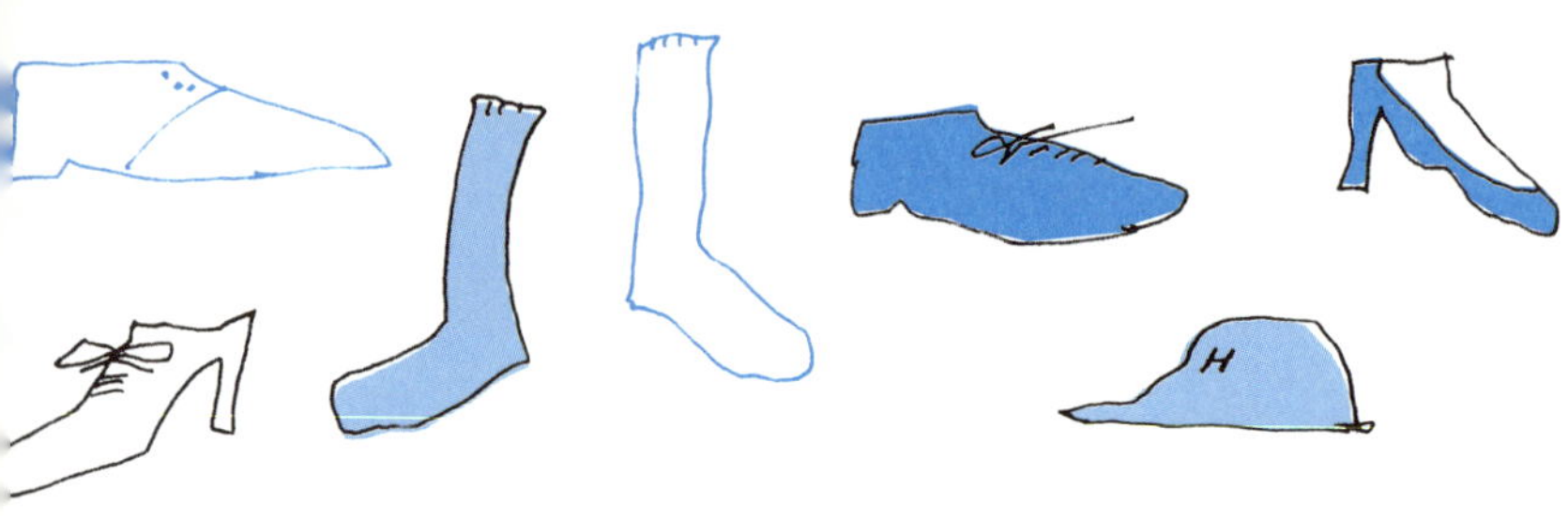

うまい人だけを見る

自分の仕事の分野に関わるものを見るときには、絶対に、「いい例」しか見てはいけません。「うまい人」を見るんです。「名人」を見る。

かつて習っていた水泳の先生もいってました。「うまい人の泳ぎだけを見てください」って。それ以来、習っていた場所が、たまたま一流選手もいるプールだったこともあり、オリンピック級のアスリートたちの泳ぎばかりを見るようにしました。さてはて、どれくらい成長が促されたか数値化はできませんが、「いいもの」は、自分の行為に滋養を与える。ボディブローのように、「よさ」が効いてくると信じています。

何かを相談するときも、同じです。仕事のことなら、仕事で成功している人に。転職で悩んでいるなら転職がうまくいった人に。仮にパン屋

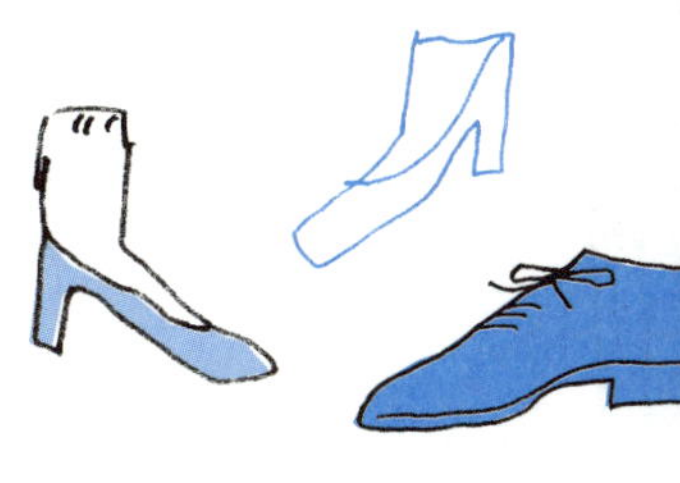

さんになりたいのなら、パン屋さんでものすごく成功した人に相談してください。結婚したいなら結婚生活がうまくいっている人に。離婚をしたいなら、離婚をしてしあわせになっている人に。逆をやると悲劇が起きます。悲劇とまではいかずとも、無駄な時間になることはまちがいがなさそう。

なんでも、人って、目だけではなくてからだ全体から情報を得ているのだとか。からだ全体で受け取った情報って、自分のこころの奥深くへと入っていく。そうして思わぬときに、飛び出していきます。わたし自身は、『マーマーマガジン』をつくるとき、特に海外のものや何十年も前の良質な雑誌しか見ませんでした。今は文章を書きたいと思っているから、かなり積極的にうまい文章だけを読むようにしています。さて、結果はどうなるか？　自分でも気づかぬとき、気づかぬところに結果があらわれそうです。

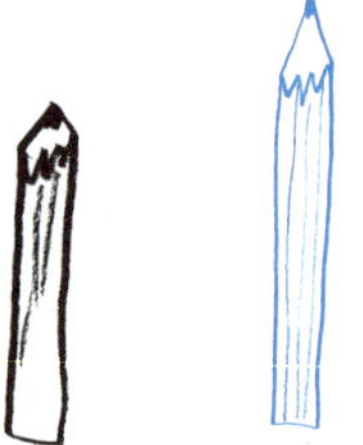

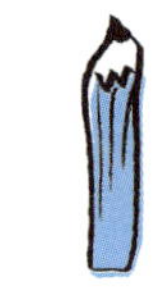

最悪の時は、ただじっと待つ

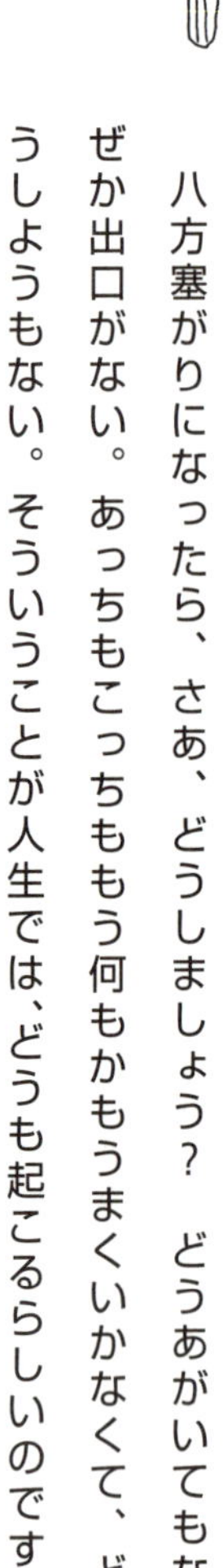

八方塞がりになったら、さあ、どうしましょう？　どうあがいてもなぜか出口がない。あっちもこっちももう何もかもうまくいかなくて、どうしようもない。そういうことが人生では、どうも起こるらしいのです。
そういうときは、ただただじっとしていることです。じたばたしない。とにかく、その「嵐」が過ぎ去るのを待つのです。よく猫なんかが具合悪くなるとじっとしていますよね、あんなイメージでじっとしている。
うまくいかないだけでなく、理不尽な思いをさせられることも時には人生には起こります。「どうしてわたしが？」というようなこと……。ずだ袋に入れられて何人かに足蹴りにされるがごとく。こんなときも、ただただじっとしています。もちろん、自分の何かが奪われるであると

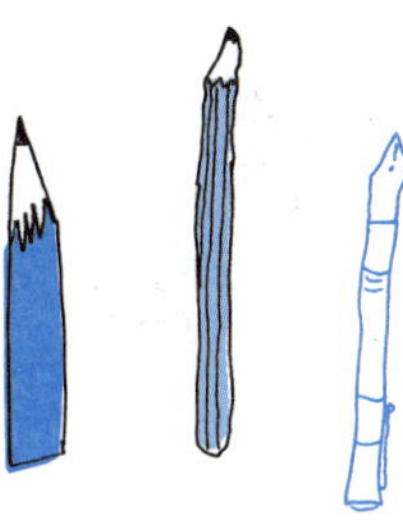
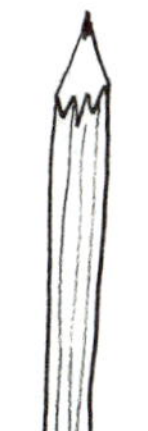
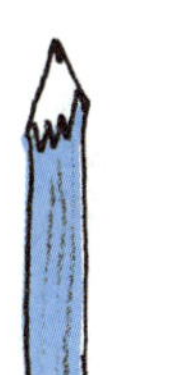

か、傷つけられるというような場合は、訴えたり逃げたりする必要があります。でも、たとえば仕事上で「問題」と思われることが降り掛かった場合、その「流れ」が行き過ぎるのを待つという態度も必要です。からだやこころの調子が悪いときも同じです。

人生にはどうもバイオリズムがあって、さまざまなかたちで、人生の歪みを修正することが起こるようです。どうも、みずからの鍛錬のために起こることもあるみたい。でも、そのときにたじろがず、焦らず、大きな器で、ただじっとしている。この体験は、その後の人生にとても大きな力を自分に授けるみたい。子どもは病気を体験するごとに、心身が大きく成長するようですが、艱難辛苦もそれに似ています。

どうぞ、エネルギーを溜めるときとこころえて、じっとしているのを「仕事」としてください。必ず冬は春になり、夜は朝になるのですから。

やるべきことは、運を上げること

どうも「運」だの「運気」だのという話をすると「占い」「オカルト」と思われがち。「自分にはそんな話、必要ないワ」なんて顔をする人も。でも、よく考えてみてほしいのです。実は、人の人生って、運がいいか悪いかだけともいえる。世界的なアイスケーターが、たとえ血のにじむような練習をしても、その人に運がなかったら、三回転半ジャンプのときに……そう、転ぶんです！　努力はもちろん必要だけれど、運がいいということは本当に大切なこと。逆にいえば運を上げることしかやることはないといってもいいすぎではありません。「運を上げる」と思うことは、どうぞ、何でもやってください。わたしも自然に楽しくやれる範囲でですが、もちろん何でもやりました。

運のいい人に会う、運が上がるようなお店に行く、「気」のいい場所を訪れる、エネルギーの高いものを食べる、「いいこと」を発言する、良質なものを見る、いつもよく笑う、失敗はよく反省して翌日には忘れる、成功も1日で忘れる、「すごい人」からの誘いは断らない、運が上がるような読書をする、「いい」といわれたことはすぐにやる、潜在意識を書き換える（P284）、自分の運気を知る、自分のいる場所をいつも整理整頓し、気持ちのよい状態にする、自分自身もいつも浄化し高い健康状態を保つ、いつもわくわくしている、素直で無邪気な自分でいる……etc。運はやってくるものではなく、引き寄せるもの。自分のことを強力な磁石だと思って、「いい磁石の状態」にしてください。宇宙には、「類は友を呼ぶ」の法則があって、自分のバイブレーションに相応しいものが集まってくるそうです。その波動の具合を決めているのは、わたしたちの「思い」です。意識の力ってはかりしれない。運気を上げる実験から、ぜひはじめてみてください。

好機は必ずやって来る

人生には、2度3度、（時にはもっと）自分の前に龍が通ることがあります。龍を「リムジン」に替えてもいい。そう、チャンスが到来するのです。龍は、「どうぞ、お背中にお乗りください」というし、リムジンは後部座席が開いて、さあどうぞとドアがすみやかに開かれます。

人生には、流れ、バイオリズムというものがあって、「好機」というのが必ず来る。若いときという人もいれば、老年期になってから、という人もいる。時期はどうであれ、龍またはリムジンは必ず来ます。

さて、このときに、とてもとても大切なのが、勇気。マリア・カラスは、「修練と勇気のみ。あとはみんなゴミ」といっていたそうですが（！）、この勇気を出すとき、驚くような瞬発力が発揮され、どんな人も珠とな

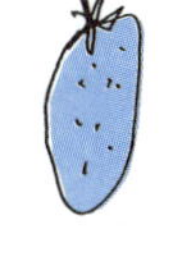

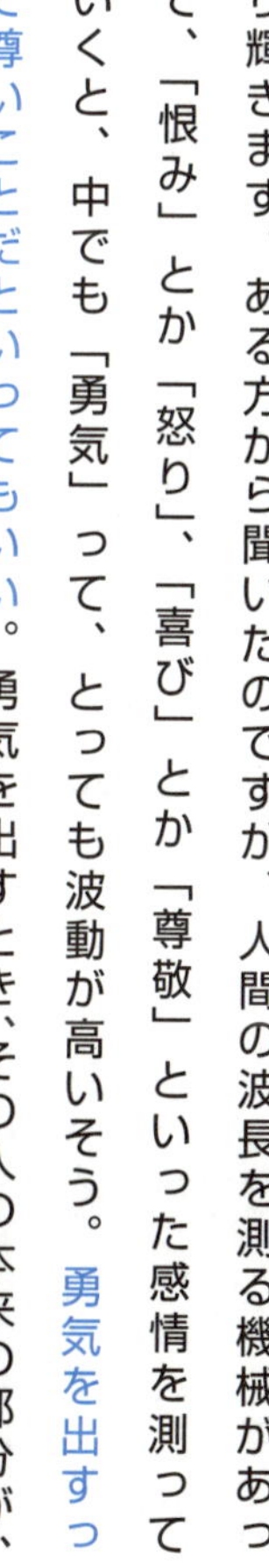

り輝きます。ある方から聞いたのですが、人間の波長を測る機械があって、「恨み」とか「怒り」、「喜び」とか「尊敬」といった感情を測っていくと、中でも「勇気」って、とっても波動が高いそう。勇気を出すって尊いことだといってもいい。勇気を出すとき、その人の本来の部分が、きらりと光るのですね。勇気を出すときはこわいです。わたしもそうでした。後ずさりもしたくなる。体のいい「いいわけ」をする人もすごく多い（でも本当はこわいのね。いくじなし！）。

　でも、ここぞという時が来たら、どうぞ勇気を出してください。やらないで後悔するよりは、やって後悔するほうがいい。「この舞台に上がるために生まれてきた」、そう思って舞台に上がりスポットライトを浴びるんです。誰もが自分の人生で主人公になる必要があるし、必ずなれる。でも、勇気を出さないとなれません。想像を超える幸福をぜひ手にしてください。

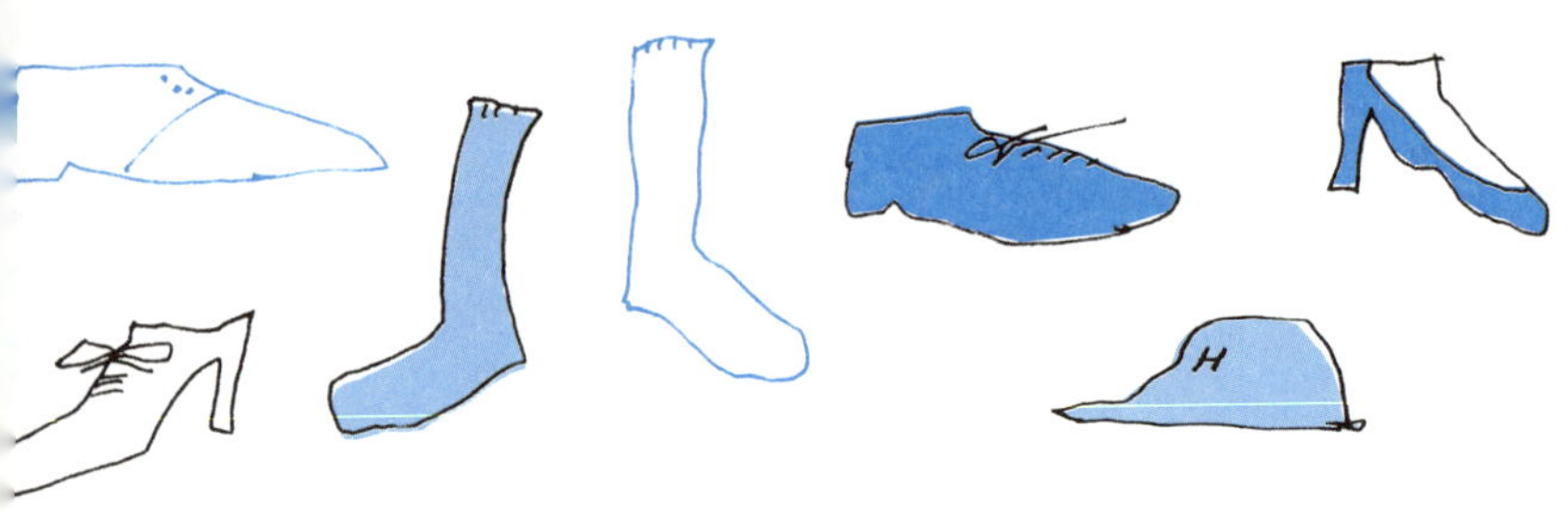

お金は意識的に稼ぐ、使う

お金に対して、バランスよい感性をもっている人はあまりたくさんいないようです。心配しすぎたり、雑だったり。執着したり、悪者にしたり。お金じたいは無味無臭。色をつけるのは人間です。大切なのは、循環させること、また、自分らしい生きたお金の使い方をすること。自分をどうか低めず、自分に対して尊厳をもって接することもお金とつき合う上で重要です。お金がどれだけ必要か、また、自分が働いている価値はお金にしてどのくらいなのか。どうか目覚めて、自分でいつも意識していてください。「どうせわたしなんて」という思いは禁物です。わたしは30歳代半ばまで本当に悲しくなるくらいお金がなかったけれど、でも決してくよくよすることなく、お金に対しては意識的でした。自分の

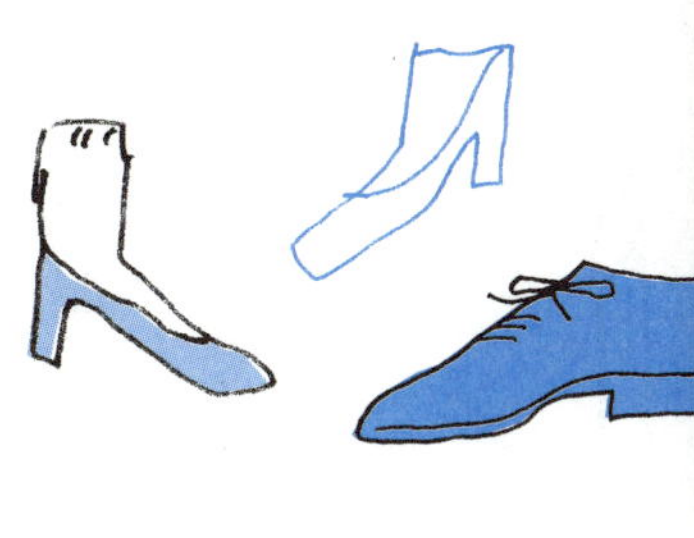
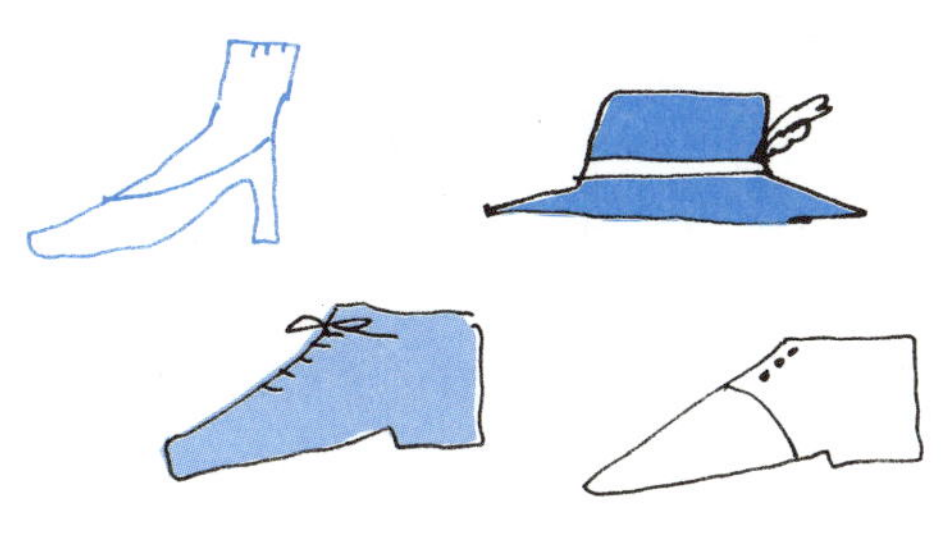

仕事にはいくらの価値があり、いくら必要で、いくら稼ぎたいのか——。目標をいつももち、自分らしく働きました。結果、時間はかかったけれど、ある時期からどんどん目標を達成していきました。

わたしがしたことは3つ。1つめは、必ず循環させること。稼いだお金の1／10は寄付したり誰かのために使いました。お金がないときは、無償で仕事をしていました（子どもの雑誌づくりのワークショップを月に3〜4日ほど無償で手伝うなどしていました）。2つめは、少し背伸びをすること。少しだけ高い家賃のところに住む。少しだけ高い服を着る。ケチケチしないということです。その都度、自分にご褒美も忘れずに。3つめは、お金を稼いだらどう使うかのビジョンをもつこと。わくわくするビジョンが、おのずとお金を連れて来てくれるみたい！（本当です！）　あと、あるときはあるように、ないならないように楽しめるという態度もとてもバランスがいいなあと感じています。

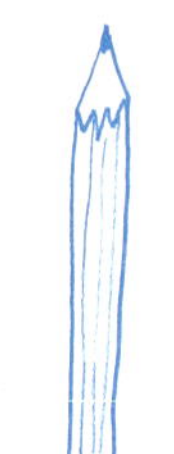

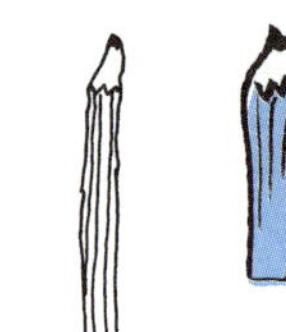

やり遂げる技術をきちんともつ

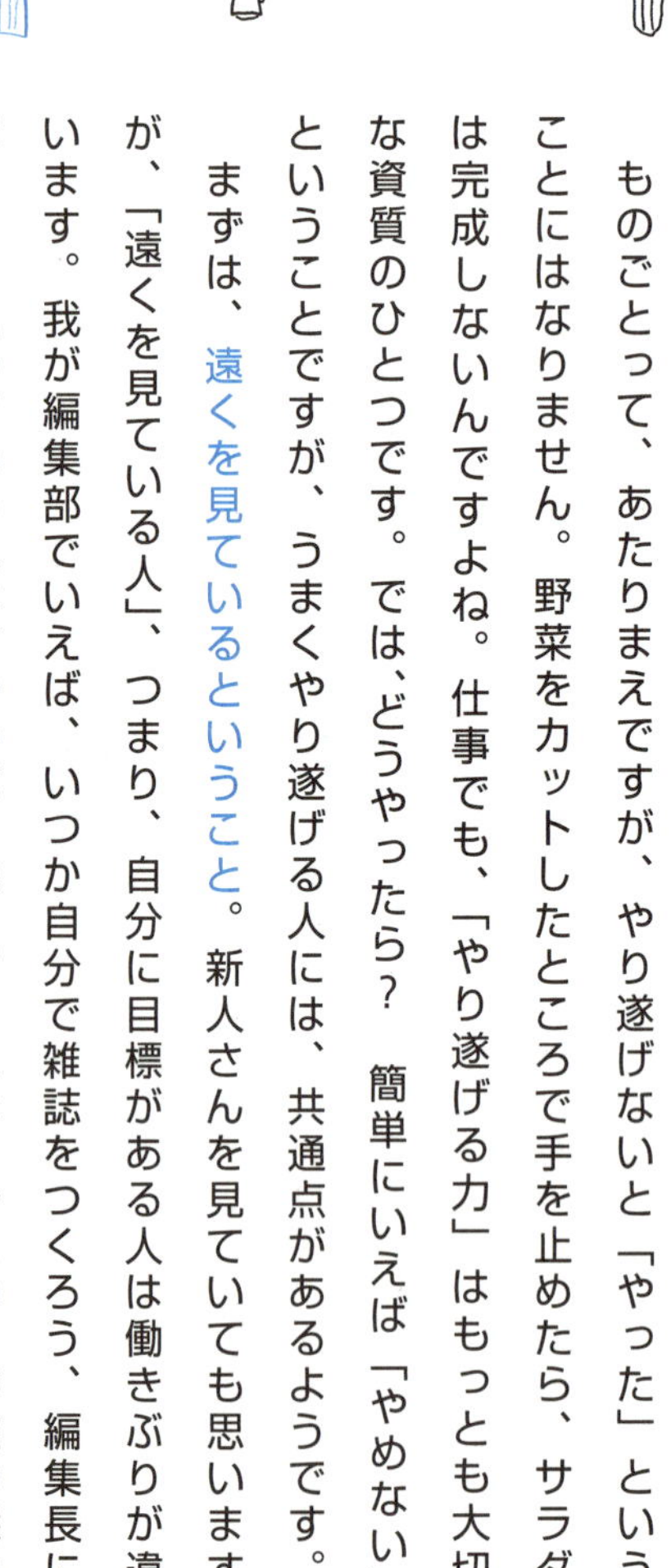

ものごとって、あたりまえですが、やり遂げないと「やった」ということにはなりません。野菜をカットしたところで手を止めたら、サラダは完成しないんですよね。仕事でも、「やり遂げる力」はもっとも大切な資質のひとつです。では、どうやったら？ 簡単にいえば「やめない」ということですが、うまくやり遂げる人には、共通点があるようです。

まずは、**遠くを見ているということ**。新人さんを見ていても思いますが、「遠くを見ている人」、つまり、自分に目標がある人は働きぶりが違います。我が編集部でいえば、いつか自分で雑誌をつくろう、編集長になろうと思っている人は、やっぱり違う。これは自分という存在の深い部分を流れるベース音といえそうです。一方で、日々、**短いスパンでも**

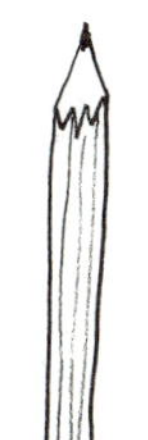
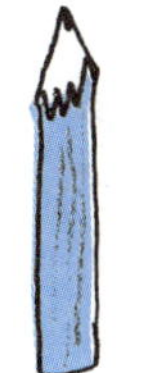

のごとを進めることも大切です。ちいさいことは大きいこと。ちいさなこともバカにせず、次々と素直に取り組んでいく。日々、TODOリストをメモして消していくのもたのしいんで。達成感が大切ですから、やれなそうなことは書きません。これらの日々のあれこれは、ギターの軽やかな響きでしょうか。遠くの目標＝ベース音と、日々の達成感＝ギターの音色、そこに、自分自身の生きるいのちの鼓動＝ドラム音が重なって、ひとつの音楽が生まれる。この音楽が自分です。つらいとき、その都度、ベース音を思い出したり、ギターの音色に集中することで自分が驚くほど支えられるはず。

死ぬときのことを想像するのもいいですね。どうせなら笑ってすがすがしく死にたいと思いませんか？「ああ、やり遂げた！」と思いながら。その日から逆算すれば、今日は残された日の最初の日。どうぞ、自分の肚にマイメロディを据えて、強い意志をもち続けてください。

人とは違う時間を過ごす

亡くなった母は、ごく凡庸な主婦でしたけれど、いくつかいい知恵をわたしに授けてくれました。印象に残っているのは、「人と同じでいたければ同じような生活を。人と違う人生を歩みたければ違う時間の使い方をしなさい」というもの。母は、自らの凡庸さを呪っていたせいで、人が寝転がってテレビを見ているような時間に、自分も同じように見ていたら同じ人生になる、でもその間、自分なりの時間の使い方をすれば違う人生が拓けるよ、どちらを選択してもいいけれどね、とよくいったものでした。わたしは、「平凡」って悪くないと思います。「ふつう」ってすごいこと！　否定するつもりは毛頭ないです。母はきらったけれど主婦には主婦の味わいがあり、凡庸さに潜む幸福にこそまぶしい光は存

在します。ただ、もし、やりたい仕事や叶えたい夢があるならば、やはりそのための時間を自分のために割かないと——。

ちなみに、わたしが時間の使い方で人と少し違うかもしれないのは……まず、「やらないこと」でいえば、テレビを観ません。iPhoneももちません。朝食は摂らないし、食生活全体の内容も（おそらく）ずいぶん人とは違います。ごく早朝に仕事をするのも厭わなければ、休日がなくても平気なタイプ。編集者という職業にしては会食の機会はごく少なく（飲み会の参加はほぼ皆無）、パーティの類にもほぼ行きません。地方に住んでいて、都会の情報にも疎いです。

一方「やっていること」は、半身浴、瞑想、読書、ウォーキング、ヨガ、お灸など心身のメンテナンス、若いスタッフの話をたっぷり聞くなど。自分らしいのがいちばんです。「思い込み」を外し、日々の「原因」の連続を重ね、想像を超える「結果」を導いてください。

自分自身と打ち合わせしよう

会社勤めをしていようが、自営業だろうが、主婦だろうが、誰かの親であろうが、大人としてとても必要なことは、自分と打ち合わせをする時間をもつこと、と思っています。

実はわたしも、『マーマーマガジン』を立ち上げる段になってはじめたのですが、自分と打ち合わせる時間って想像以上にわくわくします。まず準備するのは、すてきなノートと、とってもおきのペン。場所も大切で、カフェでも図書館でも公園でもいい、自分のお気に入りの場所に行くようにします。もちろん時間帯も大切。ただ、長い時間でなくても、5分でも10分でもいいんです。年に何回かでもいいし、週に1度と決めてもいい。そうして、自分自身の声に耳を傾けます。わたしは、『マーマー

マガジン』を立ち上げるとき、自分との打ち合わせを、ヘビーなものから軽いものまで、とにかくやりまくりました。自分自身を知らないと、「本当の仕事」＝自分らしい仕事はできないと思ったから……。

わたしがしたのは、生まれてから今までの自分の人生の「ふりかえり」、自分の本当の願望を見つめること、ひいてはアファメーション、こころにひっかかっていることの洗い出しから、週ごとにやるべきことのチェックまで。本当によく打ち合わせをしたものです。

自分が自分に向き合ってあげるってなかなか現代人はしていないもの。忙しいですものね。でも忙しいからこそその打ち合わせです。やると、自分自身が喜びます。視線をもらうとうれしいのです。ふだん気づかなかった感情に気づけるほか、自然と力もわいてくる。誰かとのおしゃべりをたまにはやめて、自分と向き合ってみませんか？　きっと仕事にも日常生活にも、おもしろい影響がもたらされるはずです。

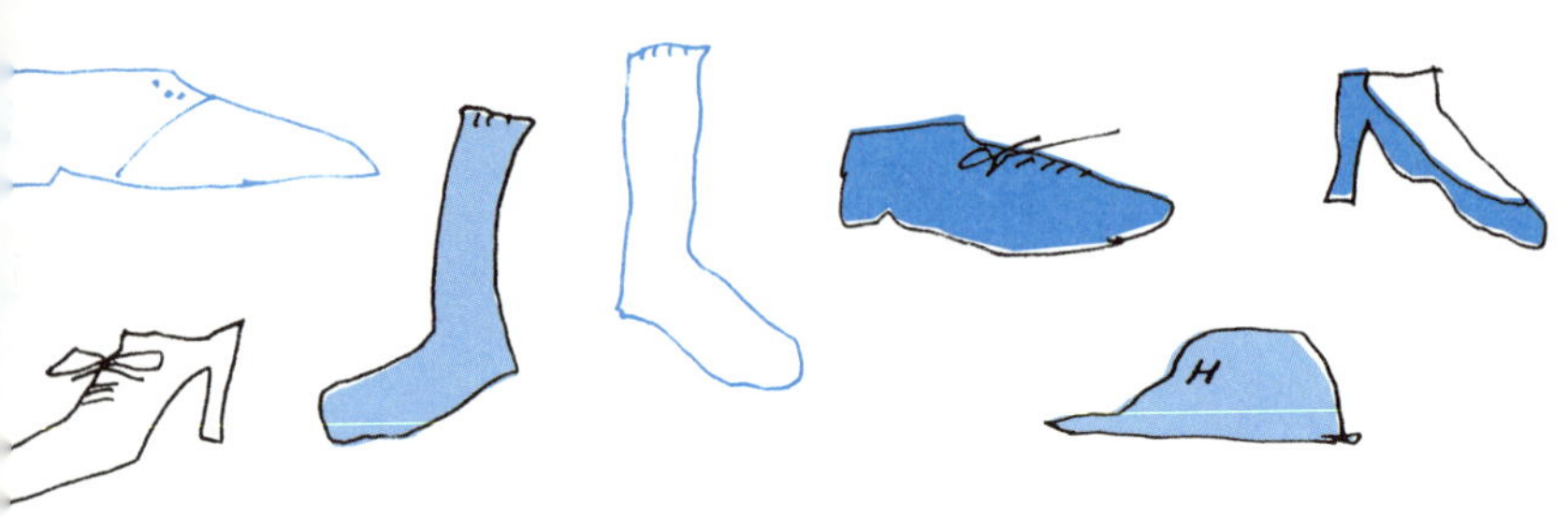

ビジネス書は1冊をとことん読む

わたしが影響を受けたビジネス書は、シンプルに、デール・カーネギーの『人を動かす』です。ベストセラー中のベストセラーすぎて、「なぁんだ」と思われる方もいらっしゃるかも。

でももし特徴があるとするならば、読んだ本はとことん素直に実践した、ということです（できているかどうかはともかく……）。この本で書いていることも、知らず知らずのうちに、相当デール・カーネギー的になっている可能性があるほど。もう境界線が定かでないほど何度も読み返しました。

わたしは、会社をふたつ起こし、経営者だったということもあって、ビジネス書はきらいじゃない。ただ、あれこれ他人の理論を読んでも、

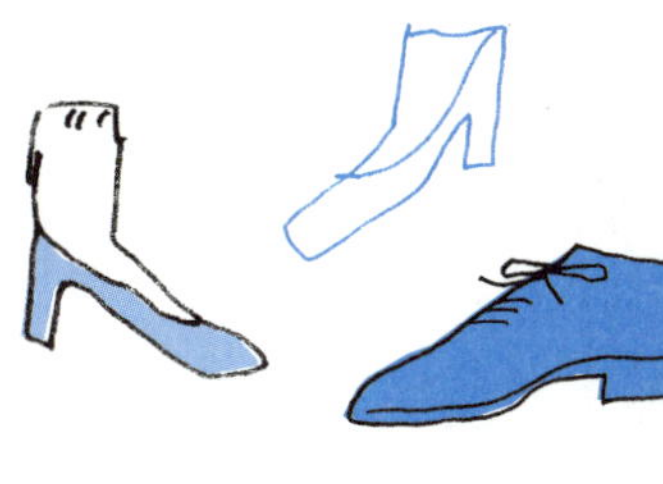

「知った気」になるだけで、実りは少ない気が。それよりも、ほんのちいさなことでも、書いてあることを徹底的に実践するほうが身につくものも大きそう。読むときどきで自分が引っかかるものも違うため、時期を替えて、何度も読み返すのも大切だと感じています。

『人を動かす』で何といっても影響を受けているのが、「重要感をもたせる」「人の立場に身を置く」「聞き手にまわる」「誠実な関心を寄せる」「誤りを指摘しない」「相手にしゃべらせる」「美しい心情に呼びかける」といったこと――。編集者やライターとして取材をする際にも大いに役に立ちました。うちの会社に入ったスタッフにも必ず読んでもらっています。そのほか影響を受けたのは、『タオのリーダー学』（ジョン・ハイダー著）、中村天風の諸著。いずれも、どう自分自身が在るか、どういう積極的なこころの向きをつくるかという点が非常に参考になっています。ビジネスの上で成功していくとは、つくづく人間として成熟することにほかならないんですよね。

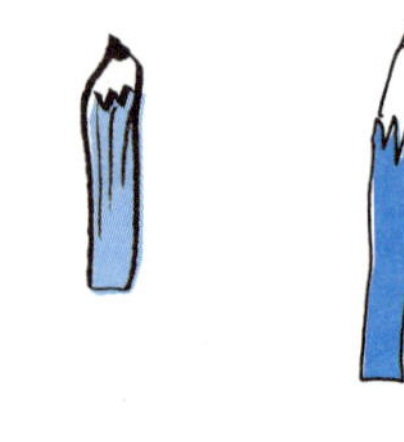

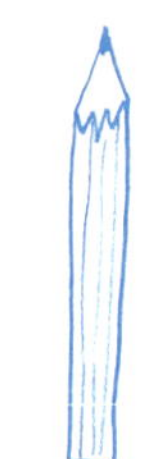

「オリジナル」の立ち上げ方

自分らしい会社をつくる、自分らしい表現をする、自分らしい仕事をする——。一体自分らしさって何なんでしょうか？ わたしは仕事をする上で、人って、ひとりひとりがとてつもなくかけがえのない存在だという気持ちと、人は代替可能である（つまり自分の替えは誰でもいる）という気持ちの両方を、ちょうど半々もっています。

自分で立ち上げた『マーマーマガジン』は、ある意味唯一無二のものだけれど、もし自分がやらなければ、自分以外の誰かが同じような発行物をつくったかもしれない。自分はその雑誌の読者になっていたかも、なんてよく思うのです。仕事ってどこか、自分がやっているようで自分がやっていないような……自分はある意味「管」なのであって、天から

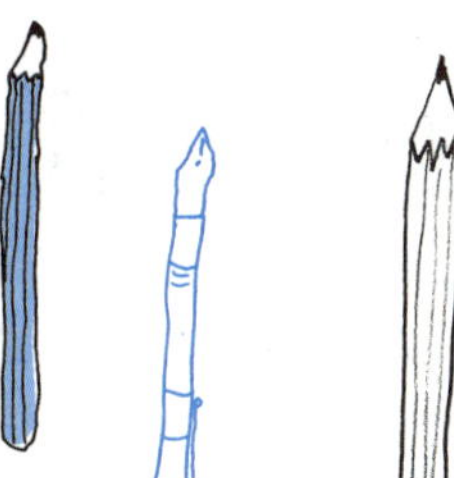
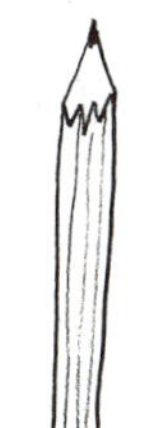
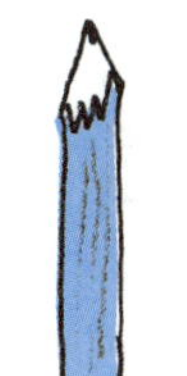
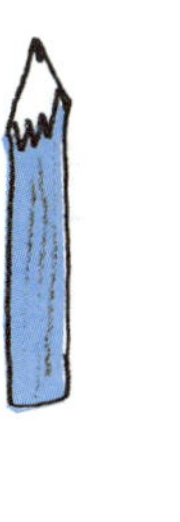

降り注ぐさまざまなアイデアをひろうだけ、と思っているんです。だから、すぐれたもの、「本物」をつくろうと思えば思うほど、「管」としての自分を磨くしかない。完全なるオリジナルは、幻想だと思います。雑誌ひとつとっても、長きにわたる本の歴史があり、雑誌の歴史があり、その大河の一滴が『マーマーマガジン』だったり、別の雑誌だったりする。先行研究は欠かせません。何をどれだけ見るかは自分しだいだけれど、自分がやりたい業種や表現をよく調べ、知ることは必須。「よく観る」ことも。その上で、ちいさくとも必ず自分らしい「発明」をすること。それが時代のニーズと合致すれば、仕事として成立するはずです。

でもネ、なんだかんだいって、本当に大切なのはストレートに「やさしい気持ち」。誰かを喜ばせたい、たのしませたいという。やさしさや思いやりが、真のオリジナルを生むと思っています。

辞めたくなったら辞めていい

今の仕事を辞めたくなったら……辞めてはどうでしょうか。

ただし、まず、いつまで働くかを考えます。すぐに辞表を書きます。辞表をよいタイミングで出します。そして辞める日まで、とにかく一生懸命働くんです。仕事って、どこか恋愛にも似て、賞味期限がある気がする。もちろん、恋愛が結婚に発展し、ずっとひとりの人と添い遂げるケースもあると思います。でも、何か、離れ時というか、エネルギーが違ってくることってある。恋愛のみならず、人間関係でも同じですね。

就職活動をして、面接を落ちまくったりするのも、これまたお見合いに似て、相手と合わないから落ちているのであって、自分がふられているばかりではないんです。自分にとっても実は好都合なことが起きてい

るのだから、次、次、次と、気にしないで進むことです。自分が落ちるような会社はたとえ入ってもうまくいかない、と心得て。

人も組織もエネルギーです。活き活きとした生きるたましいが宿っている。だからずっと同じでいることができないケースもある。辞めたくても辞められない人は、もっともらしい理由をつけて本当は辞めたくないか（！）、もしくは、自分のエネルギーが仕事と同調してしまい抜けられなくなっているのかも。自分のエネルギーを変えさえすれば、自然と辞め時はやって来るはず。自分のエネルギーを変えるには、旅をしたり、ヘアカットしたり、今までと行動を変えること。なお、勤めが長い人は、引退後のこともぜひ考えてください。大企業であるほど、会社への依頼心が自分のからだに宿っています。第2ステージの具体的なイメージをぜひ早くからもち、準備をはじめることをおすすめします。

迷ったら「自然かどうか」を規準に

どちらを選択したらいいか迷った場合、「自然かどうか」と質問してみてください。結局不自然なことって続きません。「自然かどうか」は有効です！　また、自然の営みを観察するのもおすすめです。草木や花、虫や鳥の営みには、なかなか学ぶものが多いはず。もうひとつは、「それをするときに自由になるかどうか」――。これはある尊敬する方に教えていただいた知恵のひとつです。自由になるなら思い切って選択を。自由にならないことは、潔くあきらめてもいいのかもしれません。わくわくする気持ちや、エクスタシーを感じるほどのいい気分になるかどうかもヒントになる。まだまだわたしたちには「思い込み」が激しく居座っていて、「わくわく」目線でなかなか選択ができません。でも、時代は

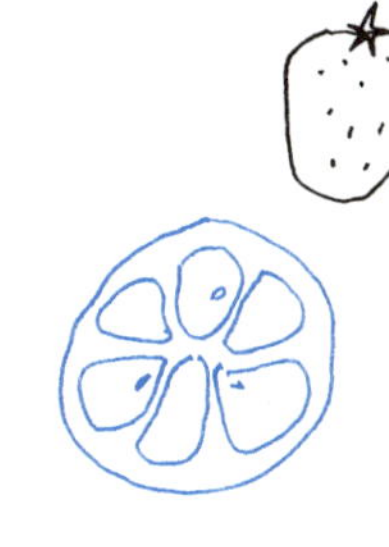

完全に、「わくわく」方向に向かっています。「正しさ」よりも「たのしい」を軸にするほうにシフトしている。

大切なのは、まず、自分が幸福になることを自分が許可すること。「自分なんて」と卑下する気持ちは、これからはもうだんだん古くなっていく。それよりは、幸福になる決断をしてください。鳥はくよくよしたりしないし、花が「わたしなんて」と咲かないことはないですよね。自分は自分以外の誰かになることはできないのだから、だったら、ここは、気持ちよく自分自身であることにコミットして、自分くらいは自分に「しあわせに、さあ、おなり」とやさしく声をかけたいです。ばかみたいって思いますか？　でも、誰もがもつ自分という可能性はすごいんです。自分が発露できる感動を生み出し（そう、コピーとりでさえも！）自分らしい工夫で、まわりを照らしてみてほしいんです。自分であることをたのしむ。これは仕事を通して味わえる、人生の味わいのひとつです。

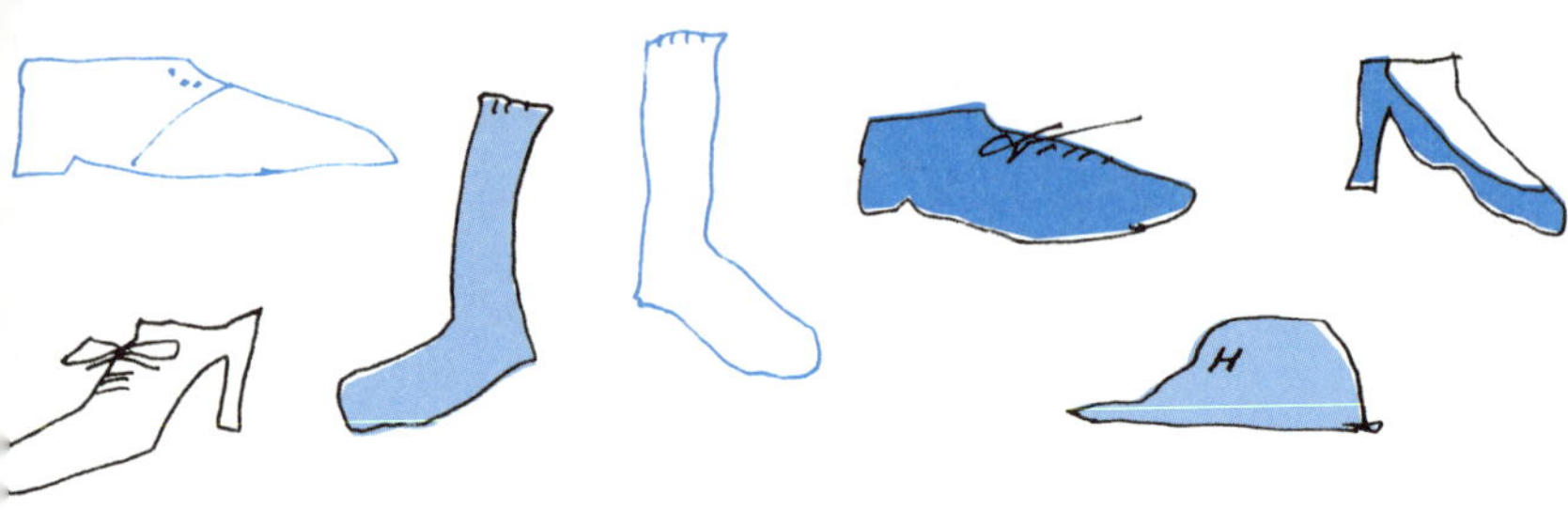

今が最高、と思える働き方を

みなさんは自分の年齢が気になりますか？　いつまでも若いといわれたい？　わたしは、ちっともそんなことがありません。

実際、わたしはもう、20歳代のわたしには戻りたくないです。あの頃は、ただただ不安で、自信がなく、ヨワヨワしくて、「歩く五里霧中」って感じ。そのくせ、自分に軸がなくて、でもプライドばかりは高くて……煮ても焼いても食えないとは、20歳代のわたしのことです。人間として魅力があるわけがない。それでも、あんなわたしのことでも、たくさんの人が親身になって助けてくれました。この上なくありがたいことです。

30歳代は、わたしにとってはまだまだ「歩く必死」。20歳代よりは、

歩くための地図があったけれど、大失敗から創刊まで慌ただしさでいっぱいでした。

そして40歳代。今が、本当に、最高です。おそらく20歳代、30歳代の自分より今のほうが健康だし、わくわくしていて、仕事の面でも自由です。すぐれた読者のかたが大勢見守ってくださって——。心底しあわせです。これから50歳代、60歳代と、どんどん自由になっていけそうです。

年齢がいくつであるとか、何の仕事をしているかではなくて、大切なのは、精神の自由さ。どんな仕事をしていても、この自由さを獲得しているかどうか。そうして自分自身を受け容れて、満足しているかどうかが大切、と思います。

ヨワヨワだった自分がこうして幸福に生きられるのは……もちろん、たくさんの要因はありますが、でも、仕事によるものが本当に大きい。仕事がこの場所までわたしを連れて来ました。これからはもっと、リラックスして仕事ができそう。まだまだやりたいことはたくさんです。

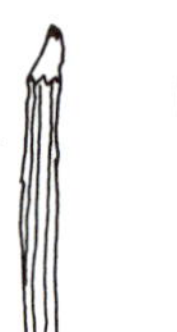
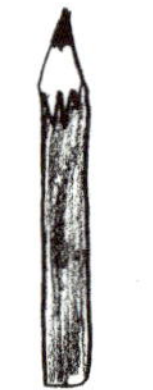
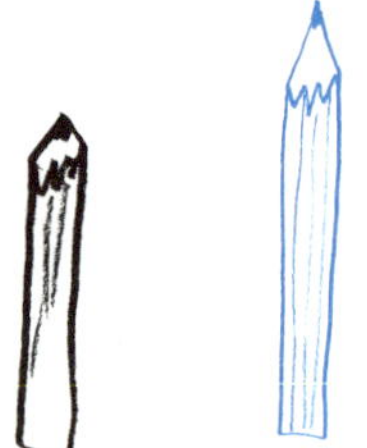

仕事ははっきりいっておもしろい

仕事をやっていると、おもしろくないこともあるし、やりたくないこともある。つまらない人間にも出合うし、しんどい思いもする。でも、わたしは、はっきりと、**仕事はおもしろいと思います**。仕事をして成長していくって、大人になるってこと。大人になるのって悪くない。視野は広がるばかりだし、やれることも増えていく。自分から硬さが取れて、柔軟になっていく。失敗してもやり直せるし、やったらやっただけの報酬だってある。人との出合い、乗り越えていく「問題」のあれこれ。これを旅と呼ばずして何と呼ぼう！　って大げさかもしれませんが、本当に、**自分しだいで見える景色は変わります**。自分がどういう意図をもって、どういう行動をとるかで、仕事の内容や結果が変わるなんて、おも

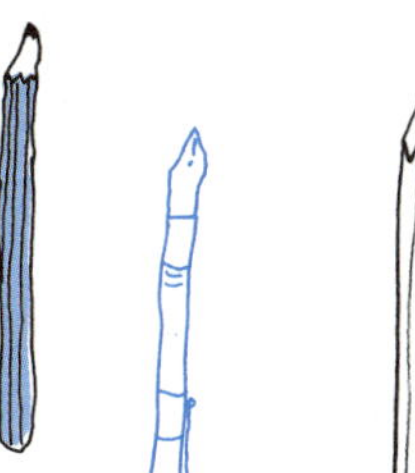
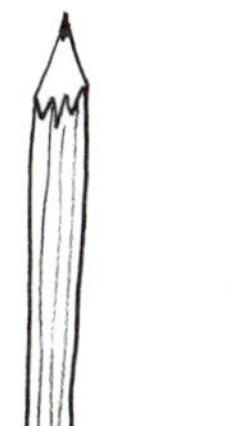
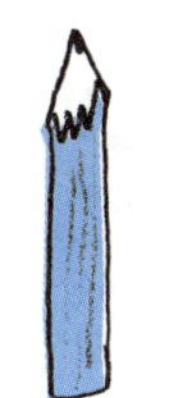
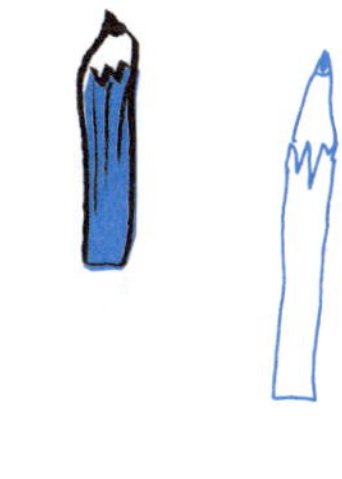

しろいと思いませんか？　一方で、仕事は就職にあらず、と最初に書きましたが、これからさまざまな価値観が大きく変わっていきそうです。

そんなときにヒントとなるのは、日本のお百姓さん。お百姓さんって、ジェネラリストなんですよね。いざとなれば自給自足すればいい。一反（約10アール、1000㎡）ぶんの広さの土地があればひと家族ぶん最低限の食糧はまかなえると聞きました。なぜ働くのか？　食べるためではありますが、食べるのはおそらくどうとでもなる。数百年前の日本に戻ればいいんです。でも、それ以外は自分の好きなことだけをして生きるというのがすごくハイパーな未来予想図かなと思っています。実際、そんな生き方を選択する人も増えています。古い価値観が崩れるときってチャンスがいっぱい。ポイントは、自分に合うやり方でやることです。わくわくする気持ち満載で。

さあ、どうぞご自分の中からわき起こるちいさな声に耳をかたむけてみてください。きっと何か声をあげてはじめているはずです。

好きなことを仕事にする

よく「好きなことを仕事にしたいんですが」という人がいます。正直なことをいうと、誰でも何でもすぐに「好きなこと」を仕事にできるほど、世の中は甘くないかなとは思います。ただ、そこに近づいていくために、やれることはあるんですよね。まず、とても大切なのは、とにかくワクワクしていること。ワクワクすることをいつも選択すること。ちいさなことでいいんです。いつもときめいて、輝くような顔をして、つやつやの声で、「うれしい!!」という顔をして「ありがとう!!」といっていると、同じようなエネルギーのものばかりが寄ってくるようになります。ウソでもいいんです。ウソも100回いうと本当になる。大好きな恋人に会うような気持ちで仕事をしてみる。ぷっと笑いが噴き出し

そうなときの気分で毎日を過ごす。ぜひ自分自身で「人体実験」してみてください。景色がきっと変わるはずです。

あとは、やめないこと。あきらめないことです。失敗してやめてしまえばそこまでだけれど、成功するまでやり続けることも大切ですよね。遠くの目標のためにこころが折れてしまわないようにするために、日々「ちいさな成功体験」を積み重ねることも大切です。自分自身に「ありがとう」といったり、ご褒美をしたりするのも忘れずに。うまくいかないときは、「時」と「場所」を変えてみることも必要かも。一足飛びに、ゼロか100かみたいにものごとをやろうとしないこと、判断しないことも重要です。じわじわ進むのもオツなもの。もちろん、目の前の仕事を「先に好きになる」っていうのもおすすめです（部分的に、でもいいですね）。自分が幸福になることを許可して、自分らしくしあわせになってくださいね。

わたしらしく働く！

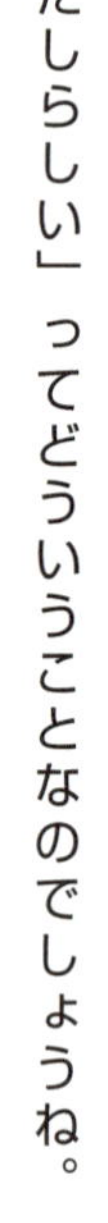

「わたしらしい」ってどういうことなのでしょうね。

わたしらしさって、簡単にわかるものでもないような気がします。経験を重ねて、たくさん失敗をして、「ああでもないこうでもない」と試行錯誤したあげく、「もういいや」と思った頃に、ぴょこっとあらわれるのが「わたしらしさ」。森でこっそりかわいいきのこを見つけるがごとく、忘れた頃に見つかるのがわたしらしさ、かもしれません。

でも、そんなときまで待てないよ！という人は、こんなふうにしてみてはどうでしょうか。まず、「わたしらしく」なんて思いは潔く捨てて、「わたしらしい工夫」をしてみるんです。上司に何か頼まれたときに、わたしらしい工夫で返すとか。取引先の人に怒られたら、謝るときにほ

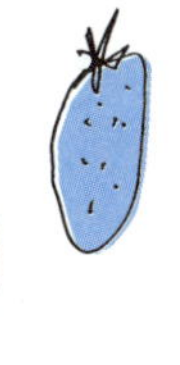
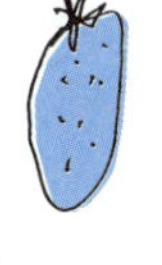

んの少し、わたしらしい工夫をするであるとか。組織に属しているならば、その組織のやり方をベースにしながら、でもそこにほんの少し、わたしらしい工夫を加えることは可能なはずです。この「ほんの少し」が大事です。ほんのスパイス程度の工夫が、ちいさな感動を生み出していくはずです。

もうひとつのコツは、無心で働くこと。自分が評価されようとか認められようとか、そんな思いは潔く捨てて、人のために無心で働いてみるんです（そのぶん、ふだんの自己ケアはたっぷりとするようこころがけます）。無心になればなるほど、無私のわたしになればなるほど、「わたし」が消えるほどに、なんと「わたしらしさ」は顔を出してくるもの。そのときの仕事って、光り輝いているんですよね。どうぞ自分という存在を信頼してたのしんでくださいね。

服部みれい

Mirei Hattori

文筆家、『マーマーマガジン』編集長、詩人。育児雑誌の編集を経て、1998年フリーランスに。ファッション誌のライティング、書籍の編集・執筆を行う。 2008年春に、『マーマーマガジン』を創刊。あたらしい時代を生きるための、ホリスティックな知恵、あたらしい意識について発信をスタート。2011年には、出版社、㈱エムエム・ブックス設立。冷えとりグッズと本のウェブショップ「マーマーなブックス アンド ソックス」主宰。2015年3月、東京の原宿から岐阜の美濃に移転。美濃にて、リアルショップ「エムエム・ブックス みの」も運営。『わたしの中の自然に目覚めて生きるのです』(筑摩書房)、『あたらしい自分になる本』(アスペクト)、『わたしのヒント』(大和書房)ほか、著書多数。岐阜県生まれ。

『編集者奮闘記』は、
まぐまぐ『服部みれいの超☆私的通信ッ』連載に、大幅加筆修正。
168ページ以降は書き下ろし。
『実践編』は書き下ろし。

わたしらしく働く！

2016年4月28日　第1刷発行

著者　服部みれい

発行者　石﨑孟

発行所　株式会社マガジンハウス
〒104-8003　東京都中央区銀座3-13-10
書籍編集部　☎03-3545-7030
受注センター　☎049-275-1811

印刷・製本所　大日本印刷株式会社

ISBN978-4-8387-2850-3　C0095

マガジンハウスのホームページ　http://magazineworld.jp/